POLYGLOTT on tour

Straßburg

Claudia Christoffel-Crispin
Gerhard Crispin

Special

Allgemeines

6 Wege durch Straßburg

Die Kathedrale ist der Anziehungspunkt Nummer eins für die Besucherströme. Der himmelstürmende rosa Sandsteinbau markiert den Mittelpunkt der Altstadt.

Wo früher die Prominenz abstieg, liegen heute krummes Fachwerk, üppige Renaissance und Fastfood dicht beieinander.

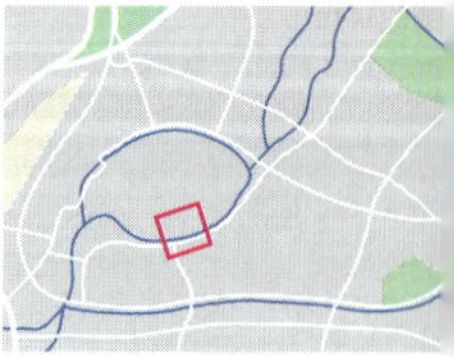

Ausflüge

Garten ohne Grenzen

Seite 91

Straßburg und Kehl schaffen gemeinsam die neue Daueranlage des »Gartens der zwei Ufer« am Rhein und präsentieren dort die Landesgartenschau 2004.

Mit dem Rad nach Pourtalès

Seite 92

Nur eine kurze Strecke, und schon kann man sich im Schlosspark von Pourtalès oder dem angrenzenden Robertauer Auwald erholen.

Die nördliche Weinstraße

Seite 93

Fachwerkromantik und verwinkelte Gassen, schmucke Rathäuser, alte Kirchen und die typisch elsässischen Brunnen auf pittoresken Plätzen bietet die Weinstraße.

Die Schätze des Unterelsass

Seite 97

Wo Barbarossa eine Pfalz gründete und Goethe sich verliebte, wird noch heute die traditionelle Keramik hergestellt. Das Unterelsass gibt sich schlicht – und darin liegt sein Reiz.

Die Maison des Tanneurs in La Petite France ist heute ein Speiselokal mit elsässischer Küche

In Straßburg kann man nicht nur hervorragend tafeln und Wein genießen, sondern auch nach Herzenslust einkaufen (vgl. S. 33 ff.). Das Vergnügen ist umso reizvoller, als in der elsässischen Metropole vieles angeboten wird, was östlich des Rheins nur schwer zu finden ist. Wer sich auskennt, shoppt hier und da sogar preisgünstiger als zuhause (generelle Öffnungszeiten s. S. 101).

Einkaufstipps für Genießer

Essbares als Kunstwerk

Gleich nördlich der Kathedrale, in der Rue des Orfèvres (Goldschmiedgasse) und ihrer Umgebung residieren die Könige des guten Geschmacks, was man leicht an den verführerischen Schaufensterauslagen der renommiertesten Delikatessengeschäfte und der besten Konditoreien des Elsass erkennen kann.

La Boutique d'Antoine Westermann, 1, rue des Orfèvres, Tel. 03 88 22 56 45, www.buerehiesel.com, Mo 14–19, Di–Sa 9.30–12.30 und 14–19 Uhr. Der Wirt des Sterne dekorierten Spitzenrestaurants Buerehiesel (s. S. 26 f.) bietet in diesem Delikatessengeschäft Fleisch- und Wurstwaren sowie Fertiggerichte zum Mitnehmen an, die selbst dem anspruchsvollsten Gaumen schmeicheln.

Pâtisserie Christian, 10, rue Mercière, Tel. 03 88 22 12 70, www.christian.fr. Eine Trompe-l'oeil-Malerei ziert das ca. 200 m von der Rue des Orfèvres entfernt gelegene Haus – so ist dieses Reich der Leckereien leicht zu erkennen. Was hier aus Schokolade, Sahne, kandierten Früchten, Eiscrème, Nüssen und exotischen Aromen geschaffen wird, sind Kunstwerke, die man sich kaum zu essen getraut. Zum Geschäft gehört eine kleine Teestube. Eine zweite Niederlassung von »Christian« befindet sich in der Rue Merdière direkt vor dem Münster.

Boucherie Frick Lutz, 16, rue des Orfèvres, Tel. 03 88 32 06 60. Hier geht alles über den Verkaufstresen, was an Fleisch- und Wurstwaren gut und teuer ist.

Fromagerie Au Vieux Gourmet, 3, rue des Orfèvres, Tel. 03 88 32 71 20. Das kleine Geschäft öffnet die Tür in den französischen Käsehimmel.

Pâtisserie Naegel, 9, Rue des Orfèvres, Tel. 03 88 32 82 86. Ein Schlaraffenland voll himmlischer handgefertigten Pralinen.

La Boutique du Gourmet, 26, rue des Orfèvres, Tel./Fax 03 88 32 00 04; www.bruck-foiegras.com. Eine Auswahl hervorragender Weine, Schnäpse und Liköre sowie feinste Gänseleberpastete nach altem Familienrezept.

Typisch, chic, von bleibendem Wert

Tati, 1, rue du 22-Novembre, Tel. 03 88 75 77 66, Mo–Sa 10–19 Uhr; www.tati.fr. Das Lieblingswarenhaus aller, die kleine Preise schätzen. Wer gerne stundenlang in Wühlkörben etwas Passendes sucht, ist hier genau richtig. Für wenig Geld findet man ein komplettes Outfit.

Marlène Pour, 1 bis, rue de l'Outre, Tel. 03 88 22 04 37, www.marlenepour.com. Ausgewählte Kreationen aus den aktuellen Kollektionen der führenden namhaften Modeschöpfer.

Marché aux livres, Rue Gutenberg und Rue des Hallebardes, Di, Mi und Sa 9–18 Uhr. Auf diesem Bücherflohmarkt stapeln sich historische Postkarten, Plakate aus der guten alten Zeit sowie gebrauchte und neue Bücher aus allen Themen- und Wissensgebieten.

Faiencerie à la Petite France, 33, rue du Bain-aux-Plantes, La Petite France, Tel. 03 88 32 33 69, www.faiencerie-petite-france.com. Spezialgeschäft mit großer Auswahl von zum Teil wunderschönen, alten und neueren Keramik- und Porzellanarbeiten.

Tipp **Für Preisbewusste**

Eine Studie der deutsch-französischen Verbraucherberatung **Euro-Info** hat im deutsch-elsässischen Preisvergleich nach Einführung des Euro Interessantes herausgefunden: Grundnahrungsmittel sind in Deutschland zwar im allgemeinen günstiger, aber bei Kaffee, Lammfleisch, Fisch und Mineralwasser kann man im Elsass sparen. Ebenfalls billiger: Aspirin, Anti-Baby-Pillen, manche Kosmetika und TV-Apparate. Ein besonderer Preishit: Kraftstoff an den Tankstellen großer Supermärkte.

Euro-Info, 77694 Kehl, Kinzigstraße 22, Tel. 0 78 51-99 14 80, Fax 9 91 48 11, www.euroinfo-kehl.com/d/aktuell-f.htm

Großstadtvergnügen nach Sonnenuntergang

Straßburg fällt es nicht schwer, seine Reputation als Kulturmetropole unter Beweis zu stellen. Ob Theater oder dröhnender Rock live oder DJ-Sounds zum Abtanzen: das hauptstädtische Angebot garantiert am späteren Abend vergnügliche Stunden.

Tipp Was sich in Straßburg kulturell tut, erfährt man aktuell im Internet unter http://strasbourg.webcity.fr/sortir/spectacles.asp oder www.mairie-strasbourg.fr/F/culture, aus der Tagespresse **Dernières Nouvelles d'Alsace** (www.dna.fr), dem wöchentlich erscheinenden Kulturmagazin **Hebdoscope** und dem zweimal im Monat erscheinenden Magazin **Spectacles à Strasbourg.**

Von Klassik bis Techno

Die Hauptstadt des Elsass erntet seit Jahren viel Lob für ihr umfangreiches Angebot an klassischer und moderner Musik. Ganz besonders gilt das für die **Oper** (s. S. 31), längst eine feste Institution in der französischen Kulturlandschaft.

▮ **Palais de la Musique et des Congrès,** Place de Bordeaux/Wacken, Tel. 03 88 37 67 67; www.strasbourgmeeting.com. In den beiden Konzertsälen mit je 2000 bzw. 1100 Plätzen werden Opern, Operetten, Ballett-Abende, klassische Konzerte und Jazz-Sessions veranstaltet.

▮ **La Laiterie,** 11, rue du Hohwald, Tel. 03 88 23 72 37; E-Mail: info@laiterie.org. Die Konzerthalle gut 1 km südlich des Bahnhofs ist Straßburgs Bastion für moderne Musik. Das Programm schließt Hip-Hop-Bands, Techno und Pop bzw. Rockgruppen genauso ein wie französische Chanson-Interpreten, Musik aus aller Welt und Salsa. Jeden Freitagabend ist Techno-Disko.

▮ **Parc des Expositions Wacken,** Place de la Foire-d'Exposition, Tel. 03 88 37 21 21; www.sofex.fr. Auf dem Messegelände finden in der Rhénus Nord-Halle häufig Großveranstaltungen mit bekannten Interpreten und Musikgruppen statt.

Nightspots wie Sand am Meer

Die Bar-, Weinstuben-, Kneipen-, Disko- und Musikklubszene der Stadt braucht Vergleiche nicht zu scheuen (www.strasbourg.com/strasbourg-by-night).

Le Bateau Ivre,
Quai des Alpes, Tel. 03 88 61 27 17, Do–Sa 22.30–4 Uhr.
Elegante, schwimmende Disko auf einem umgebauten Frachtkahn. In Jeans und Turnschuhen hat man beim Türsteher keine Chance.

L'Abattoir,
1, quai Charles Altorfer, Tel. 03 88 32 28 12, Mo–Fr 18–1.30, Sa 21–1.30 Uhr.
Jeden Freitag und Samstag bricht in der bei Studenten beliebte Kneipe mit ihrem surrealistischen Ambiente samt gemütlicher Sofaecken absolutes Tanzfieber aus.

Bar les Artistes,
27, rue du Faubourg-de-Saverne, Tel. 03 88 22 42 92, Mo–Sa 21–4 Uhr.
Lokal mit Kino- und Filmdekor. Jeweils donnerstags bis samstags kommt tanzbegeistertes junges Publikum auf seine Kosten.

Le Colysée,
rte de Mommenheim, bei Brumath (ca. 18km nördl. an der E4/A25), Tel. 03 88 59 38 38, Mi 20.30–4, Do22–3, Fr–Sa 22-4, So 15.30–22 bzw. 22–4 Uhr; www.lecolysee.com.
Unterhaltungskomplex mit einem Restaurant, 5 Bars, 2 Diskos und und einer der größten Tanzflächen im Elsass.

Les Frères Berthom,
18 rue des Tonneliers, tgl. ab 18 Uhr, Tel. 03 83 30 23 20; www.lesfreresberthom.com.
Man kann 70 unterschiedliche Flaschenbiere und 10 Sorten vom Fass probieren. Viele Gästen besuchen das gemütliche Lokal wegen der exzellenten Cocktails.

Tipp Wer sich im Morgengrauen noch nicht schlafen legen will oder zu den notorischen Frühaufstehern gehört, kann im **Rock City Café** direkt bei der Tabakfabrik in der Krutenau mit Gleichgesinnten die Partylaune teilen – und zwar jeweils am Sa und So von 4–7 Uhr (24, rue Poules, Tel. 03 88 36 54 76).

Tipp Den **zentralen Ticketschalter** für größere Veranstaltungen finden Sie im Musikgeschäft Magasin FNAC, Place Kléber, Tel. 03 88 52 21 21; www.fnac.com, Mo–Fr 9–17, Sa 10–12 Uhr.

Die elsässische Metropole ist mit Museen und Sehenswürdigkeiten nicht nur eine kulturelle Schatztruhe, sondern mit lauschigen Parks und verträumten Wasserwegen auch ein sehr reizvolles Freizeitrevier. Besucher haben vielfältige Möglichkeiten, auf eigene Faust oder unter fachkundiger Führung die Stadt zu erkunden (s. auch S. 101).

Tipp Alljährlich im September sind alle Museen und Nationaldenkmähler der Stadt während der **Journées du Patrimoine** zwei Tage lang kostenlos zu besichtigen, auch sonst geschlossene Gebäude wie das Hôtel du Préfet und der aus der Kaiserzeit stammende Palais du Rhin. Informationen beim Touristenbüro (s. S. 100) und unter www.jp.culture.fr/jp/programme/statique/r42/c67482.html

Cityabenteuer für Aktive

Straßburg zu Wasser

Straßburg ist nah ans Wasser gebaut: Auf dem Rhein, der Ill und dem Rhein-Marne-Kanal werden auch auf Deutsch kommentierte Ausflüge und Stadterkundungen per Boot angeboten (Preise zwischen knapp 7 und 14 €, für Kinder ca. 4 bis 8 €). So erlebt man u. a. das historische Gerberviertel La Petite France, Schleusen, das Vauban-Stauwehr und die Europa- Einrichtungen aus sehr reizvoller Perspektive.

- **Strasbourg Fluvial,** 15, rue de Nantes, Tel. 03 88 84 13 13, Fax 03 88 84 33 13; www.strasbourg.port.fr/tourismejour.htm. Auf dem Programm stehen 70-minütige Touren, Hochsommer 9.30–21 und Weihnachtszeit 9.30–17 Uhr alle halbe Stunde, sonst 10.30, 13, 14.30 und 16 Uhr, Nachtfahrten von Mai–Okt. um 21.30 und 22 Uhr. Ticketverkauf und Abfahrt ab Palais des Rohan (s. S. 53).
- **Bateaux Touristiques Strasbourgeois,** 15 bis, rue de Nantes, Tel. 03 88 84 10 01, Fax 03 88 34 55 38. Bietet 2,5-stündige Stadtrundfahrten mit dem Restaurantschiff (Abfahrten ab Quai des Pêcheurs tgl. 12, 12.30 und 18.30 Uhr, ab Quai de Finkwiller tgl. 12.45, 18.45 und 19.15 Uhr und 70-minütige Rundfahrten ohne Bewirtung ab Quai des Pêcheurs tgl. 14, 16 und 18 Uhr
- **Hafenbesichtigung: Strasbourg Fluvial** (s. links), Führung auch auf deutsch, Juli–Aug. tgl. um 14.30 Uhr, Dauer: 2,5 Std. ab Anlegestelle Promenade Dauphine (Place de l'Etoile). Besichtigung der Hafenanlagen am Rhein und Besuch des Naviscope-Schiffsmuseums, das in einem alten Schubboot die Rheinschifffahrt erläutert (Quai des Belges/Rue du Général Picquart, Di, Mi und Sa, So 14.30–17.30 Uhr).

Straßburg für Biker

Die Stadtväter haben sich angestrengt, die elsässische Metropole in ein Radlerparadies zu verwandeln (vgl. S. 41). Radlern steht ein gut ausgebautes, 300 km langes Netz markierter Wege zur Verfügung. Die Stadt unterhält vier Vélocation genannte Stellen, die Räder ausleihen (Mo–Fr 8–19, Sa, So und Fei 9–12 und 14–18 Uhr). Die Kopie eines Ausweises und eine Kaution (knapp 50 €) sind obligatorisch. Preise: halber Tag gut 3 €, ganzer Tag knapp 5 €.

Vélocation-Filialen:

- Place du Château, neben dem Münster, Tel. 03 88 21 06 38
- 10, rue des Bouchers (Place du Corbeau), Tel. 03 88 35 11 65
- 4, rue du Maire Kuss, Tel. 03 88 52 01 01
- Ponts Couverts, La Petite France, Tel. 03 88 22 59 29

Tourenvorschläge

- Beim **Office de Tourisme** (17, Place de la Cathédrale, Tel. 03 88 52 28 28) gibt es mehrere Broschüren über Radwege und Radtouren. Im Internet findet man Informationen unter: www.velo-strasbourg.com.

Tipp Sportliche erkunden Straßburg eigenständig per Kajak oder Kanu. Profis geben Schnellkurse, ehe man sich auf die Ill begibt, die die Stadt mit zwei Armen umschließt. Man kann auch Zweierkanus mieten. (Preise ab 12,50 € für einen halben Tag.)

- **Strasbourg Eaux Vives,** 36, rue Pierre-de-Coubertin, Tel. 03 88 31 49 00; http://strasbourg.eauxvives.free.fr

Im Schnittpunkt Europas

Allein im 20. Jh. hat Straßburg dreimal die Nationalität gewechselt. Europa hat Einzug in die Stadt gehalten, die sich zu einem teuren Pflaster entwickelte. Touristen haben die bedeutende Stadt seit langem entdeckt, die immer wieder ihr Gesicht verändert, ohne an Ansehen zu verlieren.

Lage

Straßburg liegt in der Oberrheinischen Tiefebene, deren südlicher Teil vom Schwarzwald und den Vogesen begrenzt wird, am Flüsschen Ill. Dessen Arme und Kanäle umgeben die Altstadt, deren Zentrum auf der Insel die UNESCO komplett zum Weltkulturerbe erklärt hat. Nördlich schließt sich das Prunkviertel aus der deutschen Kaiserzeit im wilhelminischen Stil an. Östlich liegen die als Wohngegend sehr beliebte Krutenau, in der früher eher die »kleinen Leute« zu Hause waren, und die Universität. Im Westen ist Straßburg längst bis zum Rhein gewachsen, dessen bedeutender Hafen über den Rhein-Rhône- und den Rhein-Marne-Kanal erreichbar ist. Die größten Vororte sind Schiltigheim im Norden und Illkirch im Süden.

Reisezeit

Straßburg hat immer Saison. Das ganze Jahr über strömen die Touristen in diese Stadt, nur ganz schlechtes Wetter wirkt sich etwas dämpfend auf den immensen Andrang aus.

Früher als anderswo beginnt in Straßburg der Frühling. Schon ab Ende März fließt warme Mittelmeerluft durch die Burgundische Pforte ins Elsass und lässt in den Parks die Bäume blühen.

Im Sommer wird es eng in der Stadt. Dafür kommt bei den angenehmen 24–25 °C, die für die Zeit zwischen Juni und August typisch sind, fast schon Open-Air-Stimmung auf. Da es gerade im Sommer auch schwüle Tage mit heftigen Gewittern gibt, gehört der Regenschirm ins Gepäck.

Wenn Mitte September die Weinlese beginnt und die Landschaft ringsherum in warmen Herbstfarben schimmert, freuen sich vor allem die Wanderer in den nahen Vogesen. Ab November schließlich wird es emp-

Klima und Reisezeit

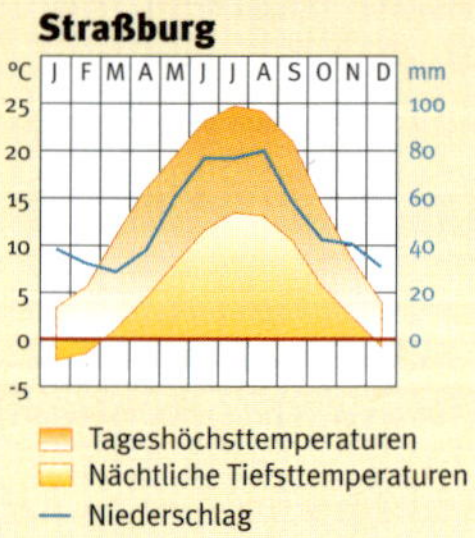

Straßenbahnhaltestelle L'Homme de Fer

findlich kühl, aber endlich auch etwas ruhiger. Lange allerdings nicht, denn dann locken schon wieder die Weihnachtsmärkte, die die Stadt mit dem Duft von Glühwein und gebrannten Mandeln erfüllen (s. S. 70 f.).

Umwelt und Verkehr

Seit einigen Jahren ist Straßburg besonders darum bemüht, das hohe Verkehrsaufkommen in der Innenstadt zu verringern. Etwas näher kam man diesem Ziel 1995 mit der Wiedereinführung der 1960 stillgelegten Straßenbahn quer durch die Stadt und das historische Zentrum. Gut 70 000 Personen benutzen dieses umweltfreundliche Verkehrsmittel tagtäglich. Pendler und Touristen können Ihre Autos auf großen Parkplätzen an der Peripherie abstellen und dort in die Tram umsteigen (S. 41). Auch für das Fahrrad machen sich die Verantwortlichen in der Verwaltung stark. Den städtischen Angestellten stehen Dienstfahrräder zur Verfügung. Touristen können preisgünstig Räder (S. 11, 41) mieten.

Parks und Auwälder

Außerhalb der Illinsel besitzt die Stadt einige größere Grünflächen, darunter den Parc de Contades (S. 89), die blumengeschmückte Place de la République (S. 89), den Botanischen Garten der Universität (S. 84) sowie den Parc de la Citadelle am Zusammenfluss der Ill- und Rheinkanäle. Am Palais de l'Europe eignet sich der Parc de l'Orangerie (S. 89) zum Spazierengehen und Entspannen zwischen alten Buchen, Erlen und Platanen. In der Orangerie nisten oft über hundert Störche. Als das Wappentier des Elsass noch in den 1980er Jahren auszusterben drohte, konnte man mit solchen Freigehegen die Bestände sehr erfolgreich vergrößern. Während der ersten beiden Winter ihres Lebens werden die Zugvögel gefüttert. Mit diesem Trick wird ihr natürlicher Drang, in den wärmeren Süden zu fliegen, gebremst.

Bis April 2004 entsteht am südlichen Rheinufer der Jardin des deux rives (s. S. 91).

Am Stadtrand erstrecken sich entlang des Rheins die Überreste zweier uralter Auwälder: der Robertsauer Auwald, der im Nordosten an den Park des Château de Pourtalès (S. 92) grenzt, und der Neuhofer Wald im Süden mit dem sich anschließenden Naherholungsgebiet Baggersee.

Früher wurden die Wälder bei Hochwasser regelmäßig überflutet. So entstand immer wieder neues fruchtbares Schwemmland, auf dem sich eine üppige und artenreiche Pflanzenwelt entwickelte: ein Dschungel aus bis zu 40 m hohen Weiden, Pappeln, Eichen, Platanen und Ahorn und über 20 m langen Schlingpflanzen, vor allem Efeu und Klematis. Die fortschreitende Industrialisierung und Verstädterung sowie der Bau von Kanälen und Dämmen seit dem 19. Jh. ließen die Auwälder schrumpfen. Inzwischen stehen sie unter Naturschutz. Im Rahmen der Regenerationsmaßnahmen ist in den 1990er Jahren gelungen, auf einer Rheinarm-Insel im Robertsauer Auwald eine Herde von Tarpanen auszuwildern. Wildpferde waren seit dem 11. Jh. in den Rheinwäldern heimisch.

Auf Wanderwegen, mal durch Bilderbuch-Alleen, mal durch Gestrüpp, lassen sich die stadtnahen Wälder zu Fuß oder mit dem Rad (S. 35 f., 92) entdecken.

Verwaltung

Die seit Jahrhunderten bedeutendste Stadt Ostfrankreichs ist Hauptstadt des Département Bas-Rhin und der Region Alsace. Die *Communauté Urbaine de Strasbourg* (CUS), der Stadtverband, umfasst insgesamt 27 Kommunen rund um den eigentlichen Stadtkern. An ihrer Spitze steht seit den Kommunalwahlen im März 2001 Oberbürgermeisterin Fabienne Keller von der liberal-konservativen UDF. Die bis dahin weitgehend unbekannte Lokalpolitikerin siegte bei dieser Wahl für viele gänzlich unerwartet über das politische Schwergewicht Cathérine Trautmann von der Sozialistischen Partei, die ehemalige Amtsinhaberin und französische Kulturministerin von 1997 bis 2000.

Neben seiner renommierten Universität besitzt Straßburg bedeutende Schulen, darunter die Staatliche Schule für Dramatische Künste und die prestigeträchtige Verwaltungshochschule ENA (s. rechts).

Europäer sind in der Stadt

Bekannter als die nationalen Einrichtungen sind die europäischen Institutionen, die nach und nach ihr Domizil an der Ill aufgeschlagen haben. Schon 1949 wurde der Europarat gegründet und Straßburg zu seinem Sitz bestimmt. Neun Jahre später tagte hier zum ersten Mal das Europäische Parlament. Der Europäische Gerichtshof für Menschenrechte folgte 1959. Zu diesen Institutionen kommen weitere wichtige Einrichtungen, darunter das Europäische Jugendzentrum, die Europäische Wissenschaftsstiftung, der Kultursender arte und der 1995 erstmals ernannte Europäische Bürgerbeauftragte (Ombudsman).

Die Straßburger selbst hegen gemischte Gefühle gegenüber den »Eurokraten«, die die Parkplätze blockieren und die Preise in die Höhe treiben. Zum Glück endet die Woche in Straßburg für die Abgeordneten oft schon am Donnerstag! Doch wer wollte auf sie verzichten? Hotels und Gaststätten bestimmt nicht. Und außerdem ist es eine Frage des Prestiges, Sitz des Europäischen Parlaments und damit neben Brüssel eben auch eine Art Hauptstadt Europas zu sein.

Als das Parlament beschloss, ab 1996 nur noch elfmal jährlich an der Ill zu tagen, um das lästige und kostspielige Hin und Her zwischen Straßburg und Brüssel zu reduzieren, hagelte es heftige Proteste. Sogar Staatspräsident Chirac pochte auf die Einhaltung des Beschlusses des Europäischen Gipfels von Edinburgh Ende 1992, der da lautete: zwölf Vollversammlungen pro Jahr finden in Straßburg statt, weitere in Brüssel. Seit 1999 nutzen die Abgeordneten das größere Parlamentsgebäude IPE IV am Nordwestufer der Ill.

Der Prachtbau des Lycée International am Ufer der Ill

Die Karriereschmiede

ENA heißt die französische Zauberformel für Macht und Erfolg, denn an der *École Nationale d'Administration (www.ena.fr)* wird die Elite des Landes ausgebildet. 1992 wurde der Hauptsitz der Karriereschmiede von Paris an die Ill verlegt. Zwei Jahre später bezog sie das aufwändig renovierte ehemalige Ordenshaus der Johanniter nahe den Ponts Couverts, das bis kurz zuvor als Gefängnis gedient hatte. Hier werden die Mesdames und Messieurs seitdem in Regionalverwaltung und europäischen Fragen unterwiesen, das Thema Zentralverwaltung bleibt, wie könnte es anders sein, dem Pariser Ableger der hohen Schule vorbehalten.

Denen, die anspruchsvolle Ausbildung erfolgreich abgeschlossen haben, stehen nahezu sämtliche Türen offen: Zwei Staatspräsidenten, mehrere Premierminister und zahlreiche Minister zählen zu den mehr als 5000 Absolventen der ENA seit 1945. Ein weiteres Betätigungsfeld finden sie in den Führungsetagen der großen Wirtschaftsunternehmen. Dabei bleibt die Oberschicht unter sich: Seit den 1950er Jahren ist der Anteil der Studenten aus den weniger privilegierten Schichten an den vier wichtigsten Eliteschulen des Landes von 29 % auf unter 9 % gesunken!

Bei aller Bewunderung schlägt den brillanten Köpfen auch viel Kritik entgegen. Da ist schon seit den 1960er Jahren von der »Arroganz der Macht« und der »Diktatur der Technokraten« die Rede. Eine in sich geschlossene gesellschaftliche Gruppe boykottiere neue Ideen, lautet eine oft zitierte Meinung. Doch der Ruf nach Veränderung wird folgenlos bleiben, denn noch nie gab es so viele ENA-Absolventen in der Regierungsadministration wie unter Staatspräsident Chirac. Und wo der die Schulbank gedrückt hat, dürfte wohl keine Frage mehr sein.

Französisch parlieren, Elsässisch redde

An erster Stelle steht in Straßburg unumstritten das Französische, sowohl als Umgangs- als auch als Verwaltungssprache. Wer die Landessprache halbwegs beherrscht, sollte sie unbedingt auch benutzen. Die Chancen, sich auf Deutsch zu verständigen, sind dabei immer noch erstaunlich gut, obwohl es für viele Elsässer inzwischen zu einer Fremdsprache geworden ist. Mit der deutschen Hochsprache verschwindet zunehmend auch das Elsässerditsch, ein variantenreicher alemannischer Dialekt. Seit der Dezentralisierungsdiskussion in Frankreich und der damit verbundenen stärkeren Berücksichtigung der Regionalsprachen werden auch dem Elsasserditsch größere Überlebens-

Michel, Marianne und Europa

Über Jahrhunderte hinweg zwischen Deutschland und Frankreich hin- und hergerissen zu sein, hat viele Straßburger in ihrem kulturellen Bewusstsein geprägt. Wenn auch nicht ganz so, wie es das Klischee vom elsässischen Land- und Stadtbewohner vorgibt: deutsche Gründlichkeit verbunden mit einem Hauch von Laisser-faire und französischem Esprit kombiniert mit alemannischer Behäbigkeit. Ein Charaktertypus, so könnte man meinen, zwischen deutschem Michel und französischer Marianne. Nur allzu oft war es der Region unmöglich, ihre von Außenstehenden jeweils als französisch bzw. deutsch empfundenen Wesenszüge als ureigen elsässisch auszuleben. Im Rahmen dieser Diskussion dürfen ein paar wichtige Daten nicht vergessen werden: 1871 wird das Elsass zum deutschen Reichsland gemacht, nach dem Ersten Weltkrieg wird es wieder französisch, 1940 von den Nazis besetzt und 1944 erneut befreit. Dabei wollten die Elsässer selbst eigentlich gar niemand haben, weder das deutsche Kaiserreich noch die Dritte Republik, und das faschistische Deutschland natürlich schon gar nicht. Sie wussten, die übliche Haltung war: man gewinne nur Untertanen hinzu, die es von der barbarischen Kultur der anderen zu befreien, anzupassen und zu zivilisieren gelte.

Die Nationalsozialisten gingen so weit, Elsässer in die deutsche Wehrmacht zu zwingen. Der Schriftsteller und Religionswissenschaftler Ernest Renan wollte die persönlichen und politischen Konflikte im 19. Jh. mit folgender Formel auflösen: »La nation, c'est un plébiscite de tous les jours« – die Nationszugehörigkeit sei also als tägliche Willensentscheidung zu bekunden. Gäbe es tatsächlich eine Umfrage, würden zweifelsohne die meisten Straßburger Frankreich als Heimatland wählen. Daran ändern auch ihre Bestrebungen nichts, für die Region Alsace größere Unabhängigkeit von Paris zu erlangen.

Lesetipp: Jean Egen, »Die Linden von Lautenbach, Eine deutsch-französische Lebensgeschichte« (Rowohlt 1996, 2002).

chancen eingeräumt. Im historischen Zentrum von Straßburg fallen inzwischen zweisprachige Straßenschilder auf, auch manche Straßenbahnstationen wurden zweisprachig benannt.

Wirtschaft

Straßburg geht es gut! Dank seiner attraktiven Altstadt, seiner verkehrsgünstigen Grenzlage und nicht zuletzt wegen der Europäischen Union. Fast drei Viertel der Beschäftigten sind im Dienstleistungssektor tätig. Straßburg ist der zweitwichtigste Bankenstandort des Landes und gehört zu den Städten mit der niedrigsten Arbeitslosenquote in Frankreich.

Im 19. Jh. entwickelte sich Straßburg von einem Zentrum der Landwirtschaft zur Industriestadt. Nach wie vor aber spielt die Nahrungs- und Genussmittelproduktion eine wichtige Rolle. So wird im Elsass die Hälfte des französischen Biers gebraut, allein in der näheren Umgebung sind vier Brauereien (S. 28) angesiedelt.

Tipp Im Stadtteil Krutenau östlich der Ill gibt es eine Zigarrenfabrik, die zu besichtigen ist: SEITA Manufacture de cigares, 7 a, rue de la Krutenau, Tel. 03 88 35 29 00, Fax 03 88 24 06 20.

Neben der Bauwirtschaft und der chemischen Industrie sind auch die Erdöl- und Metallverarbeitung wichtige Wirtschaftsfaktoren. Nicht unterschätzt werden darf zudem die Rolle des Hotelgewerbes und der Gastronomie.

Nach Duisburg und Köln ist Straßburg der drittgrößte Rheinhafen, und nach Paris der zweitgrößte französische Binnenhafen. Durch den Rhein-Main-Donau-Kanal besteht eine Verbindung bis nach Südosteuropa. Pro Jahr werden im Hafen knapp 10 Mio. Tonnen Güter umgeschlagen.

Tipp Einen **guten Überblick** über die 10 km lange Hafenanlage mit Hunderten von Kränen und Hebebrücken bietet sich von der Pont d'Anvers (Buslinie 2, Dunkerque), Hafenrundfahrten starten ab Promenade Dauphine, Tel. 03 88 84 13 13, (s. auch Special S. 10).

In den südlichen Stadtteilen Illkirch und Graffenstaden ist in den letzten Jahren der *Parc de l'Innovation* mit Entwicklungszentren für Naturwissenschaften und neue Technologien entstanden. Schwerpunkte bilden u. a. die Kern- und Genforschung sowie der medizinische Bereich.

Insgesamt vereint der Stadtverband 30 % aller Firmen und Arbeitsplätze im gesamten Elsass auf sich.

Steckbrief

- **Stadtverband (CUS):** 451 000 Einw.
- **Stadt:** 264 000 Einw., 78 km². Straßburg ist nach Paris, Marseille, Lyon, Toulouse, Nizza und Nantes die siebtgrößte Stadt Frankreichs. Fast ein Viertel der Elsässer wohnt hier.
- **Ausdehnung:** Nord-Süd 28 km, Ost-West 16 km.
- **Höhenlage:** 140 m.
- **Universitäten:** 38 000 Studenten
- **Grenzgänger:** ca. 6000 Straßburger (insgesamt über 70 000 Elsässer arbeiten in Deutschland und der Schweiz).
- **Touristen:** 2–3 Mio. pro Jahr.
- **Autokennzeichen:** 67 (Bas-Rhin).

Geschichte im Überblick

12 v. Chr. Die Römer errichten am Schnittpunkt zweier Heeresstraßen ein Castrum namens Argentoratum. Hier hatten sich schon vier Jahrhunderte zuvor Kelten niedergelassen.
3.–4. Jh. Nach fortdauernden Überfällen der Alemannen sind die Römer gezwungen, das Legionärslager aufzugeben.
451 Attilas Hunnen plündern und zerstören die Siedlung.
496 König Chlodwig vertreibt die Alemannen; fortan bestimmen die Franken das Schicksal des Ortes, in dem sich allmählich das Christentum durchsetzt.
Ab 6. Jh. Unter den Franken üben die Bischöfe auch die weltliche Macht über die Stadt aus.
Der Name Strateburgum (Burg an den Straßen) ist seit dem ausgehenden 6. Jh. überliefert.
842 Karl der Kahle und Ludwig der Deutsche kämpfen bei der Teilung des Karolingerreiches gemeinsam gegen ihren Bruder Lothar. Ihre Schwüre werden auch in den Umgangssprachen der Truppen schriftlich niedergelegt, in Altfranzösisch und Althochdeutsch. Diese Straßburger Eide sind das älteste überlieferte schriftliche Zeugnis der altfranzösischen Sprache.
870 Straßburg wird mit dem Elsass dem Ostreich zugeschlagen und bleibt bis ins 17. Jh. Teil des späteren Heiligen Römischen Reiches Deutscher Nation.
925 Das Elsass kommt zum Herzogtum Schwaben.
1015 Der Bischof beginnt mit dem kühnen Bau einer dreischiffigen Basilika. Dies ist der Beginn der mehrere Jahrhunderte währenden Bautätigkeit am Münster.
1205 Philipp von Schwaben macht Straßburg zur Freien Reichsstadt.
1262 Die Bürger schütteln die Herrschaft des Bischofs endgültig ab. Wenig später bestätigt Kaiser Rudolf von Habsburg die Rechte der Freien Reichsstadt.
14./15. Jh. Mit den Dominikanern Meister Eckhart und Johannes Tauler steigt Straßburg zu einem Zentrum der Mystik auf. Der Theologe Thomas Murner und der Prediger Geiler von Kaysersberg verbreiten das Gedankengut des Humanismus. Die Stadt hat ungefähr 20 000 Einwohner.
1440 Johannes Gutenberg richtet die erste Druckerpresse in Straßburg ein.
16. Jh. Luthers reformatorische Ideen erobern Straßburg: 1529 wird das Münster protestantisch. Jakob Sturm gründet 1538 ein reformiertes Gymnasium, das später Teil der Universität wird.
1681 Louis XIV lässt Straßburg besetzen und beschränkt die Rechte der ehemaligen Freien Reichsstadt. Als Grenzstadt erhält Straßburg neue Befestigungsanlagen. Das Münster wird wieder katholisch.
18. Jh. Die Familie Rohan stellt fast das ganze Jahrhundert die Bischöfe. Der französische Einfluss nimmt zu.
1770 Die Universität genießt einen internationalen Ruf, der auch Goethe anzieht. Ab 1831 studiert Georg Büchner in Straßburg Medizin.
1789 Die Französische Revolution wird euphorisch aufgenommen. Claude-Joseph Rouget de Lisle komponiert das später zur Nationalhymne gewordene Kampflied für die Rheinarmee. Als »Tempel der

Vernunft« entgeht das Münster weitgehend den Zerstörungen. Straßburg wird Präfektur des Département Bas-Rhin.

1870/71 Im Deutsch-Französischen Krieg erobern die Preußen nach anhaltender Blockade Straßburg, das zur Hauptstadt des neuen Reichslandes Elsass-Lothringen erklärt wird.

1918 Im Vertrag von Versailles nach dem Ersten Weltkrieg wird Straßburg wieder französisch.

1940–1944 Die Wehrmacht marschiert während des Zweiten Weltkrieges in Straßburg ein. Unter den Nationalsozialisten erleben die Bürger bittere Jahre. Im November **1944** französische Truppen unter Général Leclerc befreien die Stadt.

1949 Der Europarat bezieht seinen Sitz an der Ill.

1958/59 Das Europäische Parlament tagt zum ersten Mal in Straßburg. Ein Jahr später findet der Europäische Gerichtshof für Menschenrechte hier seinen Platz.

1992 Der europäische Gipfel in Edinburgh beschließt, Straßburg zum offiziellen Hauptsitz des Europäischen Parlamentes zu machen.

1998 Eröffnung des Museums für Moderne und Zeitgenössische Kunst.

1999 Einweihung des neuen Plenarsaals des Europaparlaments (IPE IV).

2003 Straßburg begeht Feierlichkeiten zum 40. Jahrestag des deutsch-französischen Freundschaftsvertrags.

2004 Straßburg und Kehl richten gemeinsam die erste grenzübergreifende Landesgartenschau aus.

Kultur grenzenlos

Straßburg besitzt eine reiche und vielfältige kulturelle Tradition. Durch ihre Lage an bedeutenden Verkehrswegen und im Grenzgebiet verschiedener politischer Machtsphären gelangten die unterschiedlichsten kulturellen Einflüsse in die Stadt. Vor allem im Zeitalter des Humanismus und der Reformation war Straßburg ein geistiges und künstlerisches Zentrum mit weitreichender Ausstrahlung.

Romanik

Der bedeutendste Bau dieser Epoche – wie auch der folgenden – ist das Münster: Im frühen 11. Jh. begann Bischof Werinher von Habsburg mit der Errichtung einer gewaltigen Basilika, die später großen Einfluss auf die Kirchen des Oberrheingebiets ausübte. Der ottonische Bau mit einer Doppelturmfassade wurde im 12. Jh. nach mehreren Bränden im Stil der staufischen Romanik neu geplant. Ausgeführt wurden Chor und Vierung, dann setzte sich die aus dem benachbarten Frankreich stammende Gotik auch am Rhein durch.

In die Frühzeit romanischer Architektur geht der schlichte Kreuzgang von St-Pierre-le-Jeune (protestant) mit seinen einfachen Säulen zurück. Er ist einer der ältesten erhaltenen Kreuzgänge nördlich der Alpen.

Ausgereifter wirkt die romanische Kirche von Rosheim (s. S. 94): Blendarkaden und Lisenen (Mauerstreifen) gliedern die Wandflächen von St-Pierre-et-St-Paul aus der zweiten Hälfte des 12. Jhs. Der ausgewogen proportionierte Außenbau steht im Kontrast zu dem noch schwer und massig wirkenden Innenraum.

Die Glasmalerei spielte zwar während der Romanik noch nicht die überragende Rolle, die ihr während der folgenden gotischen Epoche zukam, doch blieben in Straßburg bedeutende Scheiben aus dieser Zeit erhalten. Berühmt sind die romanischen Kaiserfenster, die im gotischen Münster wieder verwendet wurden. Den großen, frontal gezeigten Figuren weltlicher Herrscher wurde die »Bibel der Armen« gegenübergestellt. Die Glasmalerei der Epoche sparte nicht mit leuchtenden Farben, wie die Darstellung des sitzenden Herrschers belegt, die im Frauenhausmuseum (S. 49 ff.) ausgestellt ist. Das Museum hütet zudem das älteste bekannte Stück figürlicher Glasmalerei überhaupt: Der kleine, streng stilisierte »Christuskopf« aus der Abteikirche von Weissenburg soll 1070 entstanden sein.

Gotik

Das Hochmittelalter brachte den Aufstieg des städtischen Bürgertums, das sich auch in Straßburg größere Rechte erstritt. 1262 konnte die Stadt die Herrschaft des Bischofs entscheidend beschränken, 1286 übernahm sie die Bauleitung für das Münster. Wahrscheinlich in Chartres und Sens geschulte Baumeister errichteten ab 1225 den südlichen Querhausarm und das Langhaus in gotischen Formen. Die Gesamtkonzeption der Westfassade mit der riesigen Fensterrose geht im Wesentlichen auf Erwin von Steinbach aus Baden zurück, dem Goethe seinen berühmten »Münster-Aufsatz« widmete. Bis ins frühe 15. Jh. hat man an der himmelstrebenden, lichtdurchfluteten Kathedrale gearbeitet. Große spitzbogige Fenster durchbrechen die Wände, die das Gewicht der Gewölbe nicht mehr tragen konnten. Diese Aufgabe kam nun den Strebepfeilern und Strebebögen am Außenbau zu.

Die zweitgrößte Kirche der Stadt, St-Thomas, wurde im frühen 14. Jh. zu einer zuerst drei-, dann fünfschiffigen gotischen Hallenkirche umgebaut. Sie ist damit die älteste Kirche dieses Typs in der gesamten Region.

Auf den großen Baustellen der Gotik fanden auch die Bildhauer jede Menge Arbeit. Vor allem die Portalbereiche wurden genutzt, um die Gläubigen zu belehren und auf ihren Eintritt in eine andere Welt, die als dem Göttlichen zumindest ein bisschen näher stehend betrachtet wurde, vorzubereiten.

Im 13. Jh. wurde das romanische Südportal des Münsters mit zeitgenössischen Skulpturen bestückt. Es zeigt im linken Bogenfeld eine Darstellung des Marientods, bei der dem menschlichen Körper eine deutlich größere Aufmerksamkeit geschenkt wurde als zuvor. Der Künstler hat den Schmerz der um Maria versammelten Personen mehr in ihren verhaltenen Bewegungen als in den Gesichtern sichtbar gemacht. Auch die weichen

Tristan und Isolde

Unter den literarischen Werken ragt das Versepos »Tristan und Isolde« heraus, das Gottfried von Straßburg um 1210 wahrscheinlich in dieser Stadt dichtete. Von seinem Leben weiß man wenig, aber die Geschichte von der unglücklichen Liebe zwischen Tristan und Isolde ist bis heute bekannt. Sie entstand bereits in der Übergangszeit zur Gotik, die seit Mitte des 12. Jhs. in der Ile-de-France entwickelt wurde.

Die Münsterbauhütte

Jahrhundertelang war das Münster eine große Baustelle. Auf schlammigen Straßen wurden Sandstein, Holz und anderes Baumaterial herbeigekarrt, Gerüste mussten errichtet werden, Steinmetze meißelten mühsam die Blöcke, welche die Maurer Stück für Stück setzten.

Handwerker unterschiedlichster Branchen, die alle am Münster arbeiteten, hatten sich zu einer Vereinigung, genannt Bauhütte, zusammengeschlossen. Dieser straff organisierte Werkstattverband ermöglichte es unter anderem den Steinmetzen während der Wintermonate auf Vorrat zu arbeiten. Sie stellte sicher, dass die Durchführung des ehrgeizigen Projekts in geordneten Bahnen verlief. Sie kümmerte sich aufgrund der Statuten nicht nur um die Einhaltung der Vorschriften, sondern auch um die Ausbildung, die Entlohnung der Mitglieder und ihren Umgang untereinander und regelte das Verhältnis zu anderen Bauhütten. Der Vereinigung stand ein Hüttenmeister vor, der für Entwurf und Ausführung des Baues zuständig war, jedoch zumindest im Hochmittelalter auch selbst noch an der Werkbank stand. Er führte auch das Bauhüttenbuch, das eigene Entwürfe, Kopien anderer und Zeichnungen einzelner Details enthielt. In erster Linie war es wohl als Muster für die Ausbildung der Steinmetzen gedacht.

Solche Bücher mit Architekturplänen sind nur sehr spärlich erhalten. Somit wird verständlich, dass Baurisse wie sie im Musée de l'Œuvre Notre-Dame (S. 49 ff.) zu besichtigen sind, zu den ganz seltenen Kostbarkeiten gehören. Fachleute schätzen diese Blätter als wichtige Quelle. Ein Grund für das weitgehende Fehlen derartiger Dokumente ist vielleicht damit zu erklären, dass die Bauhütten ihr Wissen wie ein »Betriebsgeheimnis« hüteten, auf deren Verrat Strafen standen. Dennoch verbreiteten sich neue technische Errungenschaften unter den Fachleuten der damaligen Zeit in Windeseile durch halb Europa.

Die Mitglieder der Bauhütten mussten im Gegensatz zu denen der Zünfte nicht Bürger des Ortes sein, in dem sie gerade arbeiteten. Sie waren nur der Hüttenordnung verpflichtet.

Nachdem Straßburg freie Reichsstadt geworden war, kümmerte sich der Magistrat um den Münsterbau. Gleich neben der Baustelle, im heutigen Frauenhausmuseum, hatte »Unser-Lieben-Frauen- Werk« seinen Sitz. Diese Institution (s. auch S. 51) hat bis heute noch die Funktion eines Vermögensverwalters. Sie sorgt für die ordnungsgemäße Vergabe von Geldern aus Stiftungen und Schenkungen.

Speziell die Straßburger Bauhütte entwickelte sich mit der Zeit zu einer der wichtigsten im Deutschen Reich. Sie besteht noch heute und kümmert sich gemeinsam mit der regionalen Denkmalschutzbehörde um den Erhalt der Kathedrale.

Falten der Gewänder von *Ecclesia* und *Synagoge* lassen die Konturen der Körper durchschimmern. Stolz triumphiert die gekrönte Ecclesia, eine Allegorie des Christentums, über die Synagoge, die für das Judentum steht und traurig den Kopf hängen lässt. Im Frauenhausmuseum sind die Originale dieser Skulpturen zu sehen.

Französische Einflüsse vermittelte Straßburg auch auf dem Gebiet der Glasmalerei nach Osten. Das Münster besitzt, auch in Frankreich eine Seltenheit, noch große Teile seiner Verglasung aus dem 13. und 14. Jh. Später betrieb Peter Hemmel von Andlau, der um die Mitte des 15. Jhs. Straßburger Bürger war, hier eine riesige Werkstatt. Er belieferte den gesamten süddeutschen Raum mit spätgotischen Scheiben. Sie sind heute in der Kirche St-Guillaume und im Frauenhausmuseum zu sehen.

Humanismus, Reformation und Renaissance

Im 15. Jh. hielt der Humanismus Einzug in Straßburg, das mit zahlreichen Klöstern und Lehrern wie Albertus Magnus und Meister Eckhart damals bereits auf eine gewisse Tradition zurückblicken konnte.

1434 kam Johannes Gutenberg nach Straßburg. Nach einigem Experimentieren entwickelte er ein Druckverfahren mit beweglichen Lettern aus Metall. Ob ihm dies letztendlich in Straßburg oder Mainz gelang, konnte bis heute nicht eindeutig geklärt werden. Sicher ist, dass er viel Geld verbraucht hat, denn er wurde 1458 wegen Zinsschulden aus dieser Zeit geächtet. Seiner Erfindung verdankt Straßburg seine Verlagslandschaft.

Zu den frühen Humanisten gehörte Geiler von Kaysersberg, der 1478

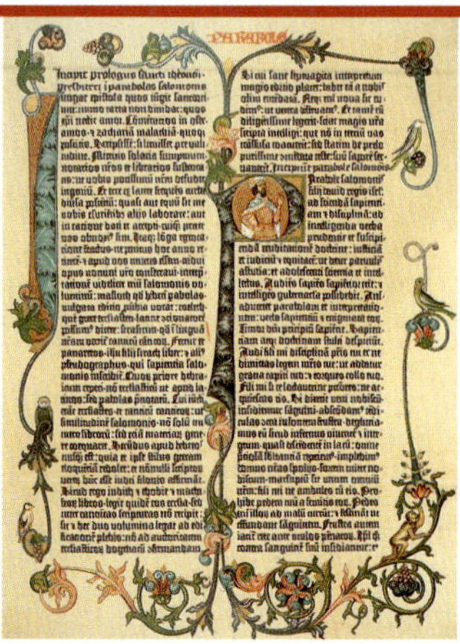

Seite aus der 42-zeiligen lateinischen Gutenbergbibel

Münsterprediger wurde und in überfüllten Messen heftige Tiraden gegen die Verkommenheit der Welt hielt.

1494 erschien das noch heute sehr bekannte »Narrenschiff« des Stadtschreibers Sebastian Brant (u. a. Reclam). Der Professor der Rechte kritisierte mit seiner Satire Eitelkeiten und soziale Missstände.

Derart vorbereitet, rannte die Reformation in Straßburg offene Türen ein. Der bedeutendste protestantische Theologe der damaligen Zeit war Martin Bucer, der wegen seines Glaubens hierher geflohen war. Unterstützung fand er durch den Domprediger Kaspar Hedio und Wolfgang Capito. 1529 wurde der katholische Kult abgeschafft, das Münster blieb bis 1681 protestantisch.

Ein originelles Werk aus der umfangreichen literarischen Produktion der Zeit schrieb Johann Fischart: das »Glückhafft Schiff von Zürich«. Straßburger Händler hatten einen Beistandspakt mit der Stadt in der Schweiz geschlossen. Um seine Wirksamkeit zu beweisen, reisten die

Dekoratives Fachwerk im alten Gerberviertel La Petite France

Geschnitzte Figur an der Schaufront der Maison Kammerzell

Schweizer zum Schützenfest 1576 mit dem Schiff an und brachten einen Topf Hirsebrei mit, der angeblich noch warm zu den Straßburgern gelangte.

Eines der schönsten Renaissancegebäude ist die heutige Handelskammer an der Place Gutenberg. Sie wurde als neues Rathaus der Freien Reichsstadt an Stelle einer während der Reformation abgerissenen Kirche errichtet. Pilaster gliedern die Fassade des großen Baus, das Portal flankieren kannelierte Säulen, die den Dreiecksgiebel tragen.

Wegen des sumpfigen Bodens, auf dem Straßburg steht, konnte man keine trockenen Keller anlegen. In Fachwerkhäusern gab es stattdessen ausgebaute Speicher unter den steilen Dächern. Besonders aufwändig ließ ein reicher Kaufmann sein Haus an der Place de la Cathédrale schmücken: An der Maison Kammerzell blieb kein Zentimeter Balken ohne Schnitzerei.

Stellvertretend für die Maler der Renaissance sei Hans Baldung Grien genannt, Stadtrat und bischöflicher Hofmaler in Straßburg. Er absolvierte eine Lehre bei einem Schongauer-Schüler, bevor er sich zu Dürer nach Nürnberg begab. Fast sein ganzes Leben verbrachte er in Straßburg, wo er 1545 starb. Neben religiösen Themen malte er bevorzugt Porträts.

Barock und Rokoko

Aus dem 17. Jh. gibt es keine nennenswerten Großbauten in Straßburg, das in den Dreißigjährigen Krieg verwickelt war und anschließend von den Franzosen belagert wurde. Vauban, Festungsbaumeister von Louis XIV, entwarf eine neue Zitadelle, von der nur geringfügige Reste erhalten blieben. Nach und nach orientierte man sich in Straßburg ganz am französischen Geschmack, für den mit dem Bischofspalast, dem Palais Rohan, ein hervorragendes Vorbild zur Verfügung stand. Hofarchitekt Robert de Cotte hatte die Pläne für den 1732 begonnenen Bau geliefert.

Aus den plastischen Werken der Zeit ragt das Grabmal des Marschalls Moritz von Sachsen in der Kirche St-Thomas heraus. Louis XV gab die pathetische Arbeit selbst bei Jean-Baptiste Pigalle in Auftrag.

Die Gründerzeit

Die französische Ära endete 1870/71, als Straßburg Hauptstadt des Reichslandes Elsass-Lothringen wurde und das deutsche Kaiserreich die Stadtplanung übernahm. Nordöstlich der Ill-insel wurde ein ganz neues Viertel mit überwiegend öffentlichen Bauten aus dem Boden gestampft (S. 77 ff.). Die Architekten orientierten sich an historischen Baustilen. Außer Verwaltungsgebäuden erhielt Straßburg einen Bahnhof, eine neue Universität, einen Justizpalast und natürlich eine monumentale Residenz, die dem Kaiser bei seinen Besuchen zur Verfügung stehen sollte.

Die Moderne

Vielfalt ist das Stichwort für Straßburgs Kunst im 20. Jh. Der 1887 in der Stadt geborene Hans Arp, ein Mitbegründer des Dadaismus, arbeitete als Maler, Bildhauer und Schriftsteller.

Pendler zwischen »heiler und geiler Welt«

Für die einen ist Tomi Ungerer ein perverser Zyniker mit Zeichenstift, für andere ein genialer Kritiker der Sexbesessenheit und Dekadenz. Er selbst sieht sich als »Pendler zwischen heiler und geiler Welt«.

Der 1931 geborene Sohn einer alteingesessenen Straßburger Familie – Uhren des Münsters stammen u. a. aus der Ungererschen Produktion – ist jedenfalls eine der provozierendsten Gestalten der internationalen Kunstszene. Der Werdegang in Stichworten: Ungerer ging 1956 nach New York, zeichnete sich mit Schweinchen für das Kinderbuch »The Mellops go flying« zum Erfolg und arbeitete als Karikaturist. Mit seinen herben, erotischen Karikaturen im Buch »The Party« brüskierte er die New Yorker Gesellschaft. Schockierende Zeichnungen wurden zu einem seiner Markenzeichen. Aber er illustrierte auch liebevoll das »Große Liederbuch« mit elsässischen Landschaftsszenen im Biedermeierstil. Und für die Zweihundertjahrfeier der Französischen Revolution entwarf er Zeichnungen mit dem Titel »Liberté, Egalité, Fraternité«.

Das Multitalent möchte mit seiner Kunst einen Beitrag zur Förderung der Freundschaft zwischen Deutschen und Franzosen leisten.
Der in Straßburg und Irland lebende Künstler unterstützt die *Association Franco-Allemande pour l'Europe*. Für seinen Einsatz erhielt er das deutsche Bundesverdienstkreuz. Zu Straßburg unterhält der Künstler kontinuierlich eine intensive Beziehung (s. S. 75).

Er verfasste ganze Bände von Gedichten und stellte gemeinsam mit Sophie Taeuber-Arp Collagen auf bemalten Holzplatten her. Seine Skulpturen aus Bronze und Marmor sollen sich in die Natur einfügen. Man findet sie nicht nur im Musée d'Art Moderne et Contemporain (s. S. 65), sondern auch in der Avenue du Général-de-Gaulle, wo drei seiner Werke aus Stein und Bronze stehen.

Christophe Meyer ist in Colmar geboren und malt in Straßburg seine archetypischen Menschen in dunklen Erdfarben. Der Straßburger Raymond Waydelich skizziert mit Witz und Ironie Szenen fern der Realität. Tomi Ungerer (s. S. 24) ist seit Jahrzehnten der bekannteste Zeichner, Karikaturist und Illustrator aus Straßburg.

Musée d'Art Moderne

Feste und Festivals

Januar/Februar/März: **St'Art:** Messe für zeitgenössische Kunst auf dem Messegelände. **Karneval:** Großer Umzug am Sonntag nach Fastnacht.

Mai: Mit Paraden am 8. Mai wird die deutsche Kapitulation 1945 gefeiert; **Fête du Nautisme:** am 2. Maiwochenende, **Courses de Strasbourg:** Wettbewerbe für Langstreckenläufer und Rollstuhlfahrer.

Im Sommer finden in der Fußgängerzone jeden Samstag **Open-Air-Konzerte, Theatervorstellungen** und **Musikumzüge** statt.

Juni/Juli: Festival International de Musique, Saint-Jean-Kirmes auf dem Messegelände Wacken, **Festival de Jazz.**

13./14. Juli: Am Vorabend des französischen **Nationalfeiertags** gibt es eine Militärparade. Das musikalische Feuerwerk am Abend des 14. Juli lässt sich am besten von den Ponts Couverts (S. 65) aus beobachten.

Juli/August: Les Nuits des Strass mit Ausstellungen, Theater, Tanz und Musik (viele Gratis-Veranstaltungen).

August: Bierfest in Schiltigheim.

September/Oktober: Musica – Festival moderner Musik, Europa-Messe: im September auf dem Expo-Gelände.

November: Forum du Cinéma Européen: Filmfestival mit Workshops, Ausstellungen und Wettbewerben.

Dezember: Weihnachtsmärkte (s. S. 70 f.) zwischen Münster und Place Broglie.

Die exakten Termine nennen das Office de Tourisme und die Website http://strasbourg.webcity.fr

Von Baeckeoffe bis Winstub

Straßburg ist für Gourmets ein Schlaraffenland, für Wein- und Biertrinker ohne Frage auch. Die elsässische Küche mit all ihren Spezialitäten wird in den Winstuben angeboten. Das bekannteste Gericht ist *Choucroute,* die kulinarische Version des gewöhnlichen, altbekannten Sauerkrauts: In Weißwein geschmort, kommt es je nach Wahl begleitet von Kasseler, Würsten, geräuchertem Schweinebauch oder Entenkeulen und selbst Lachsfilet auf den Tisch. Knusprig und duftend verlässt eine *Tarte flambée* (Flammkuchen) den Steinbackofen, papierdünn der Teig, delikat der Belag aus Crème fraîche, Zwiebelringen und Speck.

Fische aus dem Rhein und den Nebenflüssen bilden die Grundlage des Matrosengerichts *Matelote.* Flussfische wie Aal, Zander und Hecht garen in einer säuerlich abgeschmeckten Sahnesoße.

Die Kochkunst präsentiert sich nicht nur deftig. Eine Tierfreunden nicht zu empfehlende Spezialität ist die *Foie gras,* oft mit schwarzen Trüffeln verfeinerte Gänsestopfleber.

Baeckeoffe

Das Eintopfgericht aus Kartoffelscheiben, marinierten Schweine-, Rind-und Lammfleischstückchen und Zwiebeln schmurgelt mit einem kräftigen Schuss Wein versehen stundenlang im Backofen. Früher ließen die Hausfrauen den Baeckeoffe beim Bäcker in den Ofen schieben.

Zwischen Hauptgericht und Dessert hat der *Münster,* ein kräftiger Käse, der mit Kümmel gegessen wird, seinen anrüchigen Auftritt. Ein beliebtes Dessert ist die *Tarte aux pommes.* Der dünne Teig wird dicht mit Apfelspalten belegt und bei großer Hitze kurz gebacken.

Tomi Ungerer illustrierte das Kochbuch **Die Elsässische Küche** mit Rezepten aus dem Restaurant L'Arsenal (Straßburg: Edition DNA 1994). Georg Richter präsentiert in dem Rezeptebuch **Elsass** 75 kulinarische Leckerbissen von Flammkuchen bis Coq au Riesling oder Gugelhupf (Blaufelden: Sigloch Edition, o. J.).

Tipp Da Straßburger wie Touristen gerne zum Essen ausgehen, ist es ratsam, für den Abend einen Tisch zu bestellen.

Spitzenklasse

Elegantes Flair, wahre Haute Cuisine und entsprechende Preise sind die Erkennungszeichen der Straßburger Restaurants, die selbst den anspruchsvollsten Gourmets etwas Besonderes bieten.

- **Buerehiesel,** 4, parc de l'Orangerie, Tel. 03 88 45 56 65; www.buerehiesel.com; Di/Mi geschl. Exklusiver als in dem Bauernhäuschen mitten im Park

Das Spitzenrestaurant Buerehiesel mit erlesener Haute Cuisine

kann man in Straßburg kaum speisen. Die Kochkünste von Antoine Westermann (s. auch Special S. 6) sind dem Guide Michelin drei Sterne wert. ○○○

▪ **Au Crocodile,** 10, rue de l'Outre, Tel. 03 88 32 13 02; www.au-crocodile.com; So/Mo geschl. Das Edelrestaurant erhielt zwei Michelin-Sterne als Auszeichnung. Gerühmt werden beispielsweise die Zander- und Krebsspezialitäten. ○○○

▪ **La Vieille Enseigne,** 9, rue des Tonneliers, Tel. 03 88 32 58 50, Sa mittags und So geschl. Über der Gourmetküche der alten Winstub aus dem 17. Jh. leuchtet immerhin ein Michelin-Stern. Mittags liegen die Preise günstiger! ○○

▪ **Maison Kammerzell,** 16, pl. de la Cathédrale, Tel. 03 88 32 42 14; www.maison-kammerzell.com; kein Ruhetag. Im Restaurant im berühmten Fachwerkhaus genießen hauptsächlich Touristen *Choucroute aux poissons* oder *Foie gras du canard*. ○○

Tipp Nach dem Theater trifft man sich seit 1983 zu Fisch und Flammkuchen im **Le P'ti Max,** 4, place de l'Homme de Fer, Tel. 03 88 23 05 00, tgl. bis 0.30 Uhr. Hier können Sie noch spät in gemütlicher Runde dinieren. ○○

Traditionelles

Die klassische Winstub mit dunklen holzgetäfelten Wänden, bunt gemusterten Gardinen und eng gestellten Tischen ist genau der richtige Platz, um einen gemütlichen Abend bei Wein und elsässischen Spezialitäten zu verbringen.

▪ **S'Munsterstuewel,** 8, place du Marché aux Cochons de Lait, Tel. 03 88 32 17 63, So/Mo geschl. Die alteingesessene Winstub ist für den Ochsenschwanz mit Markfüllung und die geräucherten Schweinebäckchen mit Linsen bekannt. Mittags ist nur selten ein freier Tisch zu finden. ○○

▪ **Zum Strissel,** 5, pl. de la Grande Boucherie, Tel. 03 88 32 14 73, So/Mo geschl. Vom Vogel Strauß hat die Winstub ihren Namen. Seit Generationen treffen sich in den Gaststuben Bürger und Honoratioren der Stadt, auch Tomi Ungerer kehrt hier ein. Und die Küche? Ganz grad' elsässisch! ○○

▪ **Débit de Vin Saint Sépulcre,** 15, rue des Orfèvres, Tel. 03 88 32 39 97, So/Mo geschl. Der gebackene Schinken im Brotteig ist die Spezialität im Hailich Grab oder Saint-Sépulcre, wie die Straßburger das urige Lokal nennen. Ohne Reservierung wird man kaum einen Platz finden. ○○

▪ **S'Burjerstruewel (Chez Yvonne),** 10, rue du Sanglier, Tel. 03 88 32 84 15, So und Fei geschl. Yvonne Hallers »Burjerstuewel« ist die Winstub für Leute, die sehen und gesehen werden wollen. Die gute Küche – der Linsensalat mit Speck ist köstlich – und eine anheimelnde, rustikale Atmosphäre sorgen dafür, dass am Abend kein Stuhl leer bleibt. ○○

▮ **Le Clou,** 3, rue du Chaudron, Tel. 03 88 32 11 67, Mi mittags geschl. Die gediegene Winstub mit angenehm lockerer Atmosphäre ist v. a. zur Mittagszeit beliebt. »Choucroute garnie« kommt als Berg von Weinsauerkraut auf den Tisch, satt mit Geräuchertem, Würsten und Kasseler garniert. Wer's weniger üppig mag, bestellt schlicht Choucroute mit Knackwurst. ○○

▮ **Wynmuck,** 2, rue du Faubourg de Saverne, Tel. 03 88 32 40 86, So Ruhetag. Feinschmecker mit großem Appetit fühlen sich in der Winstub mit dem Wohnzimmerflair wohl. Elsässische Gerichte wie Baeckeoffe werden vorzüglich zubereitet. ○○

▮ **Au Bon Vivant,** 7, rue du Maroquin, Tel. 03 88 32 77 81, Fr Ruhetag. Deftige elsässische Spezialitäten und als Nachtisch Schokoladencreme mit Kirschwasser rechtfertigen den Namen dieses Lokals. ○○

▮ **L'Arsenal,** 11, rue de l'Abreuvoir, Tel. 03 88 35 03 69, Sa mittags, So und Fei, Mo abends geschl. In einem

Hopfen & Malz im Elsass

Schon lange werden Hopfen und Gerste am Kochersberg nordwestlich von Straßburg angebaut. Was die elsässischen Bierbrauer daraus herstellen, braucht sich hinter den renommierten Weinen der Region nicht zu verstecken: über die Hälfte des französischen Biers stammt aus dem Elsass. Kein Wunder, dass gerade in Straßburg-Wacken alle zwei Jahre (2005, 2007 ...) eine internationale Biermesse stattfindet.

Mit der Bezeichnung »elsässisches Bier« sollte man es jedoch nicht mehr allzu genau nehmen. Schon 1972 übernahm Heineken die Kontrolle über einen Zusammenschluss elsässischer Brauereien, und 1996 wurde auch die Fischer-Brauerei an den holländischen Konzern verkauft. Selbst die 1664 gegründete Traditionsbrauerei Kronenbourg gehört seit einiger Zeit der schottischen Gruppe Scottish & Newcastle. Bis heute blieben im Elsass nur zwei Brauereien unabhängig: Schutzenberger und Météor (www.brasserie-meteor.fr).

Besichtigungen mit Proben:
Météor: 6, rue du Général Lebocq, 67270 Hochfelden (ca. 35 km nordwestl.), Tel. 03 88 02 22 22, Juli–Aug. Mo–Do 10–14.30 Uhr.
Heineken: 4, rue St-Charles, 67300 Schiltigheim, Tel. 03 88 19 59 53, ganzj. Mo–Sa nach Voranmeldung. Züge: Gare Bischheim.
Fischer & Adelshoffen: 7, route de Bischwiller, 67300 Schiltigheim, Tel. 03 88 33 82 00, Mo, Di und Fr Vormittag und Mi und Do Nachmittag. Züge: Gare Bischheim.
Schutzenberger: 8, rue de la Patrie, 67304 Schiltigheim, Tel. 03 88 18 61 00, nach Voranmeldung. Tram: Linie B (Rives de l'Aar).
Kronenbourg: 68, route d'Oberhausbergen, 67200 Strasbourg, Tel. 03 88 27 41 59, Mo–Fr, im Hochsommer auch Sa ab 10 Uhr. Tram: Linie A (Duc D'Alsace).

historischen Fachwerkbau mit etwas verwegener Küche: z. B. Lachs oder gegrillter Zander auf Sauerkraut. ○○

- **Au Renard Prêchant,** 34, rue de Zurich, Tel. 03 88 35 62 47. Ausgefallenes Ambiente in einer ehemaligen Kirche. Verlockend sind hier die deftigen Wildgerichte. ○○

Familiär

In Straßburg sind nicht nur Spitzenköche mit internationalem Renommée zuhause, sondern auch Wirte gemütlicher, familiärer Lokale mit Flair.

- **Au Pont St-Martin,** 13–15, rue des Moulins, Tel. 03 88 32 45 13. In La Petite France direkt am Ill-Ufer. Elsässische Spezialitäten wie Flammkuchen und Sauerkrautgerichte. ○○
- **Au Petit Bois Vert,** 3, quai de la Bruche, Tel.03 88 32 66 32. Im Sommer sitzt man unter einer Platane am Illkanal. ○○
- **L'Ami Schutz,** 1 Ponts Couverts, Tel. 03 88 32 76 98. Gemütlichkeit zwischen getäfelten Wänden. Gerichte von der Schweinshaxe bis zum Kalbsnierenpfännchen. ○○
- **Le Pont aux Chats,** 42, rue de la Krutenau, Tel. 03 88 24 08 77. Helle Fachwerkwände und die Dekoration im Zeichen der Katze ergeben ein ausgefallenes Ambiente. ○○
- **Zuem Ysehuet,** 21, quai Mullenheim, Tel. 03 88 35 68 62. Idylle am Illufer: Der Koch empfiehlt Austern, Hering oder Salm. ○○

Spezialitäten und Weinen widmet sich der Sprachführer für Feinschmecker: **Frankreich, Schlemmen und Genießen** (Polyglott, 2002)

Tartes und Crêpes

Tarte flambée (s. S. 26), Crêpes und Sandwiches zählen zu den preiswerten Gerichten.

- **La Bolée ... de cidre,** 55 rue du Fossé des Tanneurs, Tel. 03 88 75 99 75. Di–Sa 11.45–14 und 18.45–22.30 Uhr (im Sommer). Hier haben Sie die Qual der Wahl aus

Exotisches

Couscous bietet das nordafrikanische Restaurant **Sidi-Bou-Said** (22, rue du Vieux-Marché-aux-Vins, Tel. 03 88 22 17 17, ○○–○○○). Spezialitäten von der Insel Réunion stehen auf der Speisekarte des **La Case de l'Isle Bourbon** (34, Grand'Rue, Tel. 03 88 32 60 93, ○○). Gegrilltes und Currygerichte werden im indischen Lokal **Gandhi** (28, rue Kuhn, Tel. 03 88 22 55 10, ○○) lecker zubereitet.

120 Crêpes und Galettes auf der Karte und Plätzen in maritimem Ambiente oder auf der Sommerterrasse. ❍

▮ **La Plouzinette,** 6, pl. St-Etienne, Tel. 03 88 35 47 06. Feine Crêperie in rotem Fachwerkhaus. ❍

▮ **Au Coin du Feu,** 10, rue de la Râpe, Tel. 03 88 35 44 85. Flammkuchen am offenen Kamin. ❍

Cafés

Lokale, um beim Café crème zu sitzen und die Szene zu beobachten, Kuchen zu essen oder einfach die Seele baumeln zu lassen.

▮ **Café de l'Opéra,** 19, pl. Broglie. Das Café in der Oper gilt als Treffpunkt der Intellektuellen. ❍❍

▮ **Café Brant,** 11, pl. de l'Université. Studenten verabreden sich hier zwischen den Vorlesungen und Seminaren. ❍

▮ **Le Rive Gauche,** 1, rue du Maire Muss. Typisch französisches Straßencafé an der Ecke unweit des Bahnhofs.

! Weitere Adressen von Lokalen und Tipps zum Einkehren finden Sie in den Wegen durch Straßburg.

Russisch-Straßburg

Eine russische Oase, dekoriert mit Postern und Plakaten aus der Sowjetzeit sowie kyrillischen Schriftzeichen, ist das Restaurant **Perestroïka** (2, rue Thiergarten, 03 88 32 71 88, tgl. 11–4 Uhr, ❍❍), wo man mehr als einen Abend braucht, um sich an der Bar durch die ellenlange Wodkakarte zu trinken.

Elsässer Wein

Als *flûte,* Flöte, wird die grüne schlanke Elsässer-Flasche bezeichnet. Zur Zeit werden elf unterschiedliche Rebsorten in der Region angebaut.

Den leichtesten Wein liefert die Rebe mit der Bezeichnung Sylvaner, seine frische Säure passt zu Meeresfrüchten und Schnecken. Der fruchtige Pinot Blanc empfiehlt sich zu Pasteten und Gegrilltem. Sehr trocken präsentiert sich der Riesling, der Elsässer par excellence. Man trinkt ihn zu Baeckeoffe, Sauerkraut und Bratfisch. Als Aperitifwein wird gerne der aromatische Muscat gereicht oder ein kräftiger Gewürztraminer, der auch zu Münsterkäse mit Kümmel oder exotischen Spezialitäten passt. Für einen geselligen Abend empfiehlt sich der halbtrockene Grauburgunder Pinot Gris. Der Spätburgunder Pinot Noir ist ein herber, fruchtiger Rosé mit elegantem Bukett.

Edelzwicker, ein beliebter Schoppenwein, ist eine Mischung verschiedener Rebsorten. Die guten Elsässer Weine tragen eine Appellation Contrôlée, die Aufschluss über Herkunft und genau festgelegte Qualitätskriterien gibt. Aus den besten Lagen stammen die Grands Crus.

Die Bezeichnung *Crémant d'Alsace* führt ein nach traditioneller Methode hergestellter Schaumwein, der mit so manchem Champagner mithalten kann.

i Wissenswertes über elsässische Weine und besondere Jahrgänge sowie Adressen von Winzern finden Sie bei: **Conseil Interprofessionnel des Vins d'Alsace, le CIVA,** 12, av. de la Foire aux vins, BP1217, 68012 Colmar cedex, Tel. 03 89 20 16 20, Fax 03 89 20 16 30; www.vinsalsace.com

Ausgehen am Abend

Im Sommer ist die ganze Stadt eine einzige Bühne. An Plätzen wie der kleinen Place du Marché Gayot (S. 51) wird so manche laue Nacht zum Tag. Auch in den Cafés und Bars der Rue des Frères herrscht munteres Treiben. Kultur pur bieten die renommierte Oper und der Palais de la Musique.

Wer Rock, Blues oder Techno schätzt, trifft sich in Musikkneipen und Diskotheken, in einigen Nachtlokalen ist erst um 3 Uhr Sperrstunde. Straßburg ist auch eine Studentenstadt, was dem Nachtleben in der Krutenau (s. Special S. 9) und rund um die Place St-Etienne Farbe verleiht.

Oper und Konzert

▮ **Opéra du Rhin,** 19, pl. Broglie; Spielsaison Sept.–Juli; Theaterkasse: Mo–Fr 11–18, Sa 11–16 Uhr und eine Stunde vor Vorstellungsbeginn, Tel. 03 88 75 48 23, Spielplan im Internet unter www.opera-national-du-rhin.com oder im Touristenbüro. Seit den 1970er Jahren stellen Colmar, Mülhausen und Straßburg gemeinsam Opernproduktionen auf die Beine. Die Aufführungen finden nacheinander in den drei Städten statt.

▮ **Orchestre Philharmonique,** Palais de la Musique et des Congrès, Avenue Herrenschmidt; www.philharmonique-strasbourg.com; Kartenreservierung Tel. 03 88 15 09 00. Das Orchester genießt einen nationalen Ruf, den es nicht nur mit seinen Auftritten beim sommerlichen Festival International de Musique beweist.

Im Zentrum sind nette Kneipen mit Fassaden aus Holz zu finden

▮ **Conservatoire de Musique,** 10, rue du Hohwald, Tel. 03 88 23 77 23, Programminformationen im Office de Tourisme. Im Konservatorium finden Konzerte von Studenten und Profimusikern statt.

Theater

▮ **Théâtre National de Strasbourg (TNS),** 1, av. Marseillaise; Reservierung: Tel. 03 88 24 88 24; www.tns.fr. Klassisches Theater und moderne Stücke.

▮ **Théâtre Jeune Public,** Grande Salle, 7, rue des Balayeurs; Petite Salle, 1, rue du Pont St-Martin; www.theatre-jeune-public.com; Vorverkauf: Tel. 03 88 35 70 11. Die Vorstellungen für Kinder, Jugendliche und Erwachsene sind oft phantastische Spektakel.

▮ **Maillon-Théâtre Germain Muller,** 13, pl. André-Maurois; www.le-maillon.com; Vorverkauf: Tel. 03 88 27 61 71. Kabarett, Folkloretänze, Theater nach Shakespeare-Art; diese Kleinkunstbühne bietet alles.

▮ **La Choucrouterie,** 20, rue St-Louis, Theater: Tel. 03 88 36 07 28, www.choucrouterie.com; Restaurant: Tel. 03 88 36 52 87, ○○. Die urwüchsige Kombination des Straßburger Barden Roger Siffer: Im Theater hinter

dem Restaurant mit besten Sauerkraut-Spezialitäten werden Kleinkunstköstlichkeiten à l'alsacienne serviert.

Bars und Kneipen

- **Le Perroquet Bleu,** 13, rue des Sœurs. Im Sommer kann man draußen auf der Place du Marché Gayot sitzen.
- **Le Saxo,** 8, rue des Frères. Bluesmusik in einer Bar mit großer Auswahl an bunten Cocktails.
- **Les Aviateurs,** 12, rue des Sœurs. Wer in die mit Propellern und Flugzeugen dekorierte Bar américain möchte, muss am Eingang klingeln.
- **Le Bistro Piano Bar,** 30, rue des Tonneliers. Von 20 bis 4 Uhr gibt's Cocktails und Live-Musik.
- **Les Brasseurs,** 22, rue des Veaux. Zünftiges Musiklokal mit Brauerei. Die Bühne befindet sich im Keller.
- **Café des Anges,** 42, rue de la Krutenau. Nicht nur zu Konzerten ist das Café im Viertel Krutenau gut besucht.
- **La Salamandre,** 3, rue Paul-Janet. Konzerte, Ausstellungen und Kleinkunst stehen auf dem Programm; Sa ab 21 Uhr Tanz.

Diskotheken

- **Le Chalet,** 376, route de la Wantzenau. Die stadtbekannte Disko liegt etwas außerhalb im Norden.
- **Le Rétro,** 24, pl. des Halles. Di–So ab 21.30 Uhr. Disko zum Abtanzen für ein Publikum über 25 Jahren.

Straßburgs Nachtleben widmet sich auch das Special S. 8 f.

Das »Lido« der Provinz

Kirrwiller wäre ein ganz gewöhnliches Dorf ca. 30 km nordwestlich von Straßburg, gäbe es da nicht ein Revuetheater. Mit kaum mehr als ein paar Federn und Strass bekleidete Showgirls, Magier und das *Dîner dansant* locken Gäste in Scharen an. Das Programm wechselt jährlich. Show, Menü und Tanz sind im Eintrittspreis inbegriffen.

- **Royal Palace Adam Meyer,** 20, rue de Hochfelden, 67330 Kirrwiller, Tel. 03 88 70 71 81, Fax 03 88 71 31 95; www.royal-palace. com. Anfahrt von Straßburg über die A 4 Richtung Haguenau, bei Hochfelden abfahren auf die D 7 nach Bouxwiller.

Einkaufen

In der Altstadt reiht sich ein bunt dekoriertes Schaufenster an das andere. Dabei fällt das qualitativ hochwertige Angebot auf. Edle Boutiquen, aber auch liebenswerte Tante-Emma-Läden führen ein reichhaltiges Warensortiment. Große Kaufhäuser wie Printemps findet man um die Place Kléber (S. 75). Das größte Einkaufszentrum in der Stadt ist das Centre Les Halles mit 130 Läden.

Die europäischen Institutionen und der Tourismus treiben das Preisniveau Straßburgs in die Höhe; Schnäppchen zu machen ist schwierig. Aber es gibt natürlich eine Reihe von rühmlichen Ausnahmen, und nicht allein im Lebensmittelbereich (s. Special S. 6 f.).

Antiquitäten

- **Antiquités Malbasa,** 42, rue des Hallebardes, Tel. 03 88 32 88 55. Der schmucke Laden, der auch Expertisen erstellt, bietet Malerei des 17. und 18. Jhs. an.
- **Bastian,** 22–24, pl. de la Cathédrale, Tel. 03 88 32 45 93. Eine gute Adresse für Sammler.

Kuriositäten und Souvenirs

Unzählige Stände mit hübschen elsässischen Trachtenpuppen und Plüschstörchen finden sich in den Altstadtstraßen und -gassen. Einige bieten Keramik aus Soufflenheim (s. S. 98).

- **Nappes d'Alsace,** 6, rue Mercière, Tel. 03 88 22 69 29. Nicht gerade billig, aber wunderschön sind die Tischdecken mit dem traditionellen Weinlaub-Muster.

Keramik aus Soufflenheim gehört zu den bevorzugten Reiseandenken

- **Vitrine d'Alsace,** 18, pl. de la Cathédrale, Tel. 03 88 75 10 90. Typisch elsässische Souvenirs , auch Keramik aus Soufflenheim.
- **La Riviera,** 3, rue du Dôme, Tel. 03 88 32 19 56. Kunstvoll geschliffene Figuren aus Bleikristall aus dem lothringischen Baccarat.
- **Paprika Créations,** 1, rue du Fossé des Tailleurs, Tel. 03 88 37 31 23. Wer im Juli schon Glaskugeln für den Weihnachtsbaum besorgen möchte, ist hier richtig: festlicher Baumschmuck das ganze Jahr über.

Märkte

Wegen Baumaßnamen hat man etliche Märkte verlegt (z. B. von der Place Kléber auf die Place Broglie), Auskünfte gibt das Fremdenverkehrsamt (s. S. 100).

- **Wochenmärkte:** Place Broglie, Mi und Fr 7–18 Uhr (im Winter bis 16 Uhr); Krutenau, Place de Zurich, Mi 7–13 Uhr; Quai Turckheim, Mi und Fr 7–13 Uhr; Boulevard de la Marne, Di und Sa 7–13 Uhr (Buslinien 15, 20). Auf diesen Märkten kann man elsässische Spezialitäten kosten oder sich mit Originalzutaten eindecken.

Bauernmarkt: Place du Vieux-Marché-aux-Poissons, Sa 7–13 Uhr. Die Landwirte der Umgebung verkaufen knackfrisches Obst und Gemüse. Aber auch köstlicher Käse aus den Vogesen wird angeboten.

Flohmarkt: Rue du Vieil Hôpital, Rue des Bouchers und Place de la Grande Boucherie, Di, Mi und Sa 9 bis 18 Uhr. Hier werden aufgemöbelte Vitrinen, schwere Karaffen, feine Sammeltassen und andere Raritäten angeboten.

Literatur

Librairie Internationale Kléber, 1, rue des Francs-Bourgeois. In der Abteilung »Alsatiques« gibt es deutsche und französische Bücher über das Elsass und Straßburg; z. B. Kochbücher, Bildbände und Erzählungen.

Comics

Französische und internationale Comics sowohl für Kinder als auch Erwachsene findet man in Straßburg im kleinen Laden **Cyclops,** 4, rue des Pucelles, und in **De Bildergarte,** 27, rue des Serruriers, wo die Auswahl an bunten Bildgeschichten viel größer ist.

Ancienne Librairie Gangloff, 20, pl. de la Cathédrale. Eines der selten gewordenen Antiquariate, das sich auf Elsassbücher spezialisiert hat.

La Bouquinette, 28, rue des Juifs. In dem Buchladen für Kinderliteratur sind auch deutsch-französische Ausgaben erhältlich.

Mode

In der Rue du Vieux-Marché-aux-Poissons hat die Haute Couture Einzug gehalten. Die Schaufenster von Escada, Kenzo oder Guy Laroche sind ebenso beeindruckend wie die Preise. In der Rue des Orfèvres und in der Rue des Hallebardes zeigen die Auslagen der feinen Boutiquen französische Edelmarken à la Chanel, Louis Féraud oder Rodier.

Lebensmittel/Delikatessen

Kirn, 19, rue du 22-novembre. Das Geschäft gehört zu den führenden Metzgereien der Stadt mit einem hervorragenden und umfangreichen Angebot an Fleisch- und Wurstwaren.

La Cuillère en Bois, 38, rue de Zurich. Dieser Traiteur bietet fertige Gerichte zum Mitnehmen an – von gefüllten Tomaten bis zum panierten Schnitzel.

Nicolas, 18–20, rue des Orfèvres. Edle Tropfen und spritziger Champagner füllen die Regale der Weinhandlung. Tipps für die Lagerung gibt's gratis.

Fromagerie des Tonneliers, 32, rue des Tonneliers. Käse in allen Duft- und Geschmacksvariationen.

Schmitt, Jean-Claude, 1, quai des Pêcheurs. Bäckt den besten Kugelhopf (Gugelhupf) der Stadt – als großes Exemplar oder in Mini-Version.

Sport und Spaß

Wasser und Wellness

- **Bains municipaux,** 10, blvd. de la Victoire, Tel. 03 88 25 17 58. Schönes Stadtbad mit zwei Becken und neoklassischem Charme.
- **Piscine et Bains Municipaux,** 10, blvd. de la Victoire, Tel. 03 88 25 17 58. Ein Tipp für Wellnessbedürftige: Römisches Bad mit reizvollem Ambiente. Man kann sich auch für die Sauna entscheiden und sich hinterher massieren lassen. Damen: Mi 13–20, Fr 9–12 und 14 bis 20 Uhr. Herren: Mo 13–19, Do 14–21, Sa 8–12.30 Uhr. Gemischt: Di 14–21, Sa 13–18, So 8–13 Uhr.
- Ein nasses Vergnügen drinnen wie draußen verspricht das Spaßbad **Nautiland,** 20 Minuten von Straßburg entfernt bei Haguenau: 8, rue des Dominicains, Tel. 03 88 90 56 56, www.nautiland.net

i Im **Office de Tourisme** (S. 100) sind die Adressen der Straßburger Schwimmbäder erhältlich.

Tipp Viel Spaß bereitet eine Stadtrundfahrt mit dem **Kajak** oder **Kanu** (s. Special S. 11).

Ausspannen

- Relaxen ist im Sommer am **Baggersee** angesagt. Der beliebte Treffpunkt im Süden ist Teil eines Naherholungsgebiets mit viel Wald und Wiesen. Es gibt sogar Duschen und Sanitäranlagen, trotzdem wird kein Eintrittsgeld verlangt. Praktisch: Die Straßenbahnlinie A fährt vom Zentrum direkt bis zum See, aber auch mit dem Fahrrad ist er gut zu erreichen.

Sommerliche Kanupartie auf der Ill

- Zum Ausspannen eignet sich auch der **Parc de l'Orangerie** (S. 89). Man kann rudern oder den Störchen beim Nisten zusehen. Die elektrische Autobahn und die Skateboardpiste sind die Attraktionen des großen Spielplatzes. Zudem gibt es einen kleinen Zoo und einen Miniaturbauernhof.

Wandern

i Tipps zum Wandern erteilt der **Club Vosgien,** 16, rue Ste-Hélène, 67000 Strasbourg, Tel. 03 88 32 57 96, Fax 03 88 22 04 72.

- Von Förstern begleitete Touren organisiert das **Office National des Forêts,** 2, rue de l'Hôpital Militaire, 67084 Strasbourg Cedex, Tel. 03 88 76 76 40, Fax 03 88 76 76 50.

Radeln und Ausflüge

- Im Elsass bietet es sich an, eine Radtour außerhalb von Straßburg durch das reizvolle Rebland mit der einen oder anderen Einkehr in Gourmetlokale zu verbinden. Eine solche

6- bis 9-tägige Feinschmeckertour bietet an: **La Bicyclette Gourmande,** 53, rue de Pfaffenheim, 68420 Gueberschwihr, Tel. 03 89 49 28 67, Fax 03 88 49 27 39.

▪ **Radausflüge** nach Obernai (S. 95 f.) sowie Wanderungen zum Odilienberg (S. 96) veranstaltet **Espace Randonnée,** Relais Départemental du Tourisme Rural, 7, pl. des Meuniers, 67000 Strasbourg, Tel. 03 88 75 56 50, Fax 03 88 23 00 97.

▪ Eine **Mountainbike-Tour** mit Weinprobe und **Kajaktouren** bietet **Itinéraire d'Alsace,** 84, rue du Général-Leclerc, 67540 Ostwald, Tel. 03 88 29 56 62, Fax 03 88 30 97 98.

Tipp Mehr als 700 km umfasst das **Radwegenetz,** das die Agence de Développement Touristique du Bas-Rhin (Tel. 03 88 15 45 8; E-Mail: alsace-tourisme@sdv.fr) entwickelt hat. Ingesamt 22 Tourenvorschläge rund um Straßburg und durch das Elsass beschreibt detailliert die Broschüre »Le Bas-Rhin à bicyclette« (in Deutsch) inklusive Übersichtskarten.

Golfen

Golf de Strasbourg (27-Loch), Route du Rhin, 67400 Illkirch-Graffenstaden, Tel. 03 88 66 17 22; www.golf-strasbourg.com.

▪ **Golf de la Wantzenau** (18 Loch), C. D. 302, 67610 La Wantzenau, Tel. 03 88 96 37 73; www.golf-wantzenau.com.

Kreuz- und Bootsfahrten

▪ **Schiffsreisen** auf dem Rhein von und nach Straßburg bieten an **Alsace Croisières,** 12, rue de la Division Leclerc, 67000 Strasbourg, Tel. 03 88 76 44 44, Fax 03 88 32 49 96, und die Website www.kreuzfahrten.kabinenschiffe.de.

▪ Wer selbst ein **Mietboot** auf den Kanälen steuern möchte, sollte sich mit **Chemins Nautiques d'Alsace,** Port du Canal, 67311 Schiltigheim, Tel. 03 88 81 39 39, Fax 03 88 81 35 12; www.peniche.com/34l_cna.htm, in Verbindung setzen.

»Allez Racing!«

So feuern die Fans im **Stade de la Meinau** ihre Mannschaft an: den Fußballklub Racing Strasbourg, eine Traditionsmannschaft, die in europäischen Wettbewerben schon mal für Schlagzeilen sorgt. Die erfolgreichste Zeit erlebte Racing mit Gilbert Gress, der erst als Spieler und dann als Trainer für Furore sorgte. 1978/79 führte der gebürtige Straßburger die »Blauen« sogar zur französischen Meisterschaft. Im Trikot von Racing spielten übrigens auch deutsche Profis wie »Stan« Libuda (früher Dortmund, Schalke 04) und Thomas Allofs (u. a. Düsseldorf, 1. FC Köln). Nach dem Titelgewinn wurde das Stade de la Meinau zu einemder schönsten Stadien Frankreichs umgebaut. 1984 fanden hier zwei EM-Spiele statt. Das Fassungsvermögen liegt bei 40 000 Zuschauern, die Atmosphäre ist beeindruckend. Den Spielplan veröffentlichen die Homepage des Erstligavereins www.rcstrasbourg.fr und die Tageszeitung DNA im Sportteil. Straßenbahn A (Krimmeri Stade de la Meinau).

Unterkunft

Von den weit über hundert Hotels der Stadt sind die ausgewählt, die sich durch besonderen Komfort und ihre günstige Lage auszeichnen. Ein ausführliches Hotelverzeichnis ist im Fremdenverkehrsamt (S. 100) zu bekommen. Hier sollte man sich in jedem Fall erkundigen, wann das Europäische Parlament seine Sitzungswochen in Straßburg hat, denn dann ist die Stadt rundum ausgebucht. Grundsätzlich ist eine Reservierung ca. vier Wochen vor der Anreise ratsam, da die Hotels besonders am Wochenende stark frequentiert sind.

Einige Hotelketten offerieren Pauschalangebote: Im Preis sind das Frühstücksbuffet oder auch eine Weinprobe inbegriffen. Ansonsten wird das Frühstück immer extra berechnet. Günstiger ist da mitunter ein Gang ins Bistro um die Ecke, wo man mit einem Milchkaffee und Croissants in den Tag starten kann.

Eine Alternative zu den Stadthotels sind die ländlichen Gästehäuser *(Gîtes Ruraux)* und die privaten Gästezimmer *(Chambres d'Hôtes)* in den nahe gelegenen Dörfern: **Relais Départemental des Gîtes de France Alsace/Bas-Rhin,** 7, pl. des Meuniers, 67000 Strasbourg, Tel. 03 88 75 56 50, Fax 03 88 23 00 97; www.gites-de-france.fr.

Luxushotels

- **Hôtel Régent Petite France,** 5, rue des Moulins, Tel. 03 88 76 43 43, Fax 03 88 76 43 76; www.regent-hotels.com/petite-france. Mit schöner Gartenterrasse direkt an den Kanälen der Ill in Petite France, Sauna, Fitnessraum, Bar und Restaurant. ○○○
- **Hôtel Régent Contades Golden Tulip,** 8, av. de la Liberté, Tel. 03 88 15 05 05, Fax 03 88 15 05 15; www.regent-hotels.com/contades, Tram-Linie C Gallia. In dem klassizistischen Gebäude aus der Kaiserzeit kann man Suiten mieten. ○○○
- **Hôtel Sofitel,** Place St-Pierre-le-Jeune, Tel. 03 88 15 49 00, Fax 03 88 15 49 99; www.sofitel.com, Tram-Linie A, B, C und D Homme-de-Fer. In der modernen Hotelhalle findet man auch Einkaufsmöglichkeiten; mit Bar und Gartenterrasse. ○○○
- **Beaucour,** 5, rue des Bouchers, Tel. 03 88 76 72 00, Fax 03 88 76 72 60; www.maison-kammerzell.com. Nostalgisches Romantikhotel in einem Fachwerkbau nahe der Pont du Corbeau. ○○○

Typisch straßburgisch

- **Hôtel des Rohan,** 17–19, rue du Maroquin (am Münsterplatz), Tel. 03 88 32 85 11, Fax 03 88 75 65 37; www.hotel-rohan.com. Die 36 Zimmer sind im Stil Louis XV oder rustikal eingerichtet und schallisoliert. ○○○
- **Hôtel Cathédrale,** 12, pl. de la Cathédrale, Tel. 03 88 22 12 12, Fax 03 88 23 28 00; http://hotel-cathedrale.fr. Der Blick auf das Münster lohnt den Preis, aber das Haus liegt mitten im größten Trubel. ○○○
- **Hôtel de l'Europe,** 38, rue Fossé des Tanneurs (Ecke Grand'Rue), Tel. 03 88 32 17 88, Fax 03 88 75 65 45; www.hotel-europe.fr, Tram-Linie B und C Marché-aux-Vins. Hinter rotem Fachwerk verbirgt sich eine wohnliche Einrichtung. ○○○
- **Hôtel du Dragon,** 2, rue de l'Ecarlate, Tel. 03 88 35 79 80, Fax 03 88 25 78 95; www.dragon.fr,

Tram-Linie A und D Porte-de-l'Hôpital. Modernes Hotel in einem alten Haus nahe den Kais der Ill. Mit Bar, Terrasse und Parkplatz. ❍❍❍

▮ **Hôtel Monopole Métropole,** 16, rue Kuhn, Tel. 03 88 14 39 14, Fax 03 88 32 82 55; www.bw-monopole.com, Tram-Linie A oder D Gare Central oder Homme de Fer. Zimmer und Salons sind im altelsässischen Stil möbliert. Das Frühstücksbuffet offeriert regionalen Spezialitäten wie Gugelhupf und Bauernkäse. ❍❍

▮ **Hôtel des Francs-Bourgeois,** 7, rue de la Chaîne, Tel. 03 88 32 66 60, Fax 03 88 75 68 76; www.hoteldesfrancsbourgeois.com, Tram-Linie A und D Grand' Rue. Von außen etwas unscheinbares, kleines aber ruhiges Haus mitten im Zentrum zwischen Kathedrale und La Petite France. ❍❍

▮ **Hôtel Gutenberg,** 31, rue des Serruriers, Tel. 03 88 32 17 15, Fax 03 88 75 76 67; www.hotel-gutenberg.com, Tram-Linie A und D Grand' Rue. Charmantes Hotel in einem Haus aus dem 18. Jh. hinter der

Farbenfrohe Majolika-Dachziegel

Place Gutenberg. Teilweise stilechtes Mobiliar, fürstlich viel Platz und französisches Flair. ❍❍

▮ **Hôtel Villa d'Est,** 12, rue Jacques-Kablé, Tel. 03 88 15 06 06, Fax 03 88 15 06 16; www.strasbourg.com/villa-est, Tram-Linie B und C Republique. Sehr komfortabel eingerichtetes Haus mit gutem Preis-Leistungsverhältnis. ❍❍

▮ **Hôtel Au Cerf d'Or,** 6, pl. de l'Hôpital, Tel. 03 88 36 20 05, Fax 03 88 36 68 67, Tram-Linie A und D Porte-de-l'Hôpital. Zu dem kleinen und gemütlichen Hotel außerhalb der Altstadtinsel gehört ein Restaurant mit guter, elsässischer Küche. ❍❍

▮ **Hôtel Diana-Dauphine,** 30, rue de la 1ère Armée, Tel. 03 88 36 26 61, Fax 03 88 35 50 07; www.hotel-diana-dauphine.com, Tram-Linie A und D Porte-de-l'Hôpital. Zentral gelegen, schallisolierte Fenster. ❍❍

▮ **Père Benoît,** 34, route de Strasbourg, 67960 Strasbourg-Entzheim, Tel. 03 88 68 98 00, Fax 03 88 91 65; www.hotel-pere-benoit.com, Tram-Linie A Baggersee. Bauernhaus aus dem 18. Jh., Restaurant im alten Gewölbekeller (nahe Flughafen). ❍❍

▮ **Hôtel Suisse,** 4, rue de la Râpe, Tel. 03 88 35 22 11, Fax 03 88 25 74 23; www.hotel-suisse.com, Tram-Linie A und D Grand' Rue oder Porte-de-l'Hôpital. Liegt neben dem Palais Rohan. Von der kleinen Terrasse geht der Blick auf den Münsterturm. ❍

Preiswert übernachten

- **Hôtel La Cruche d'Or,** 6, rue des Tonneliers, Tel. 03 88 32 11 23, Fax 03 88 21 94 78, Tram-Linie A und D Grand'Rue. Bei 13 kleinen und zweckmäßigen Zimmern bleibt die Atmosphäre familiär. Frühstück gibt's in der kleinen Winstub. ❍
- **Hôtel de l'Ill,** 8, rue des Bateliers, Tel. 03 88 36 20 01, Fax 03 88 35 30 03, Tram-Linie A und D Porte-de-l'Hôpital. Nicht weit vom Zentrum entfernter Familienbetrieb. ❍
- **Hôtel Pax,** 24–26, rue du Faubourg National, Tel. 03 88 32 14 54, Fax 03 88 32 01 16; www.paxhotel.com, Tram-Linie B und C Faubourg National. Familienbetrieb mit Terrasse und elsässischem Restaurant. ❍
- **Hôtel Moderne,** 1, quai de Paris, Tel. 03 88 15 17 17, Fax 03 88 15 17 15. Schlicht eingerichtete Zimmer, gleich am Fossé du Faux Rempart. ❍

Jugendherbergen, Camping

- **Auberge de Jeunesse René Cassin,** 9, rue de l'Auberge de Jeunesse, Tel. 03 88 30 26 46, Fax 03 88 30 35 16; www.fuaj.org, Tram-Linie B und C Montagne Verte oder Buslinie 2. Im südwestlichen Stadtteil Montagne-Verte.
- **Auberge de Jeunesse du Parc du Rhin,** Centre International de Rencontres, Rue des Cavaliers, Tel. 03 88 45 54 20, Fax 03 88 45 54 21, www.fuaj.org, Buslinie 2. Im Parc du Rhin nahe der Europabrücke und dem neuen Park.
- **CIARUS,** Jugendgästehaus, s. S. 79.
- **Camping de la Montagne-Verte,** 2, rue Robert-Forrer, Tel. 03 88 30 25 46. Gut ausgestatteter Platz. Buslinie 2 oder Tram-Linie B und C Montagne Verte.

Reisewege und Verkehrsmittel

Anreise

Mit dem Flugzeug

Zum Flughafen Straßburg-Entzheim, 10 km südwestlich vom Zentrum, gibt es Flüge aus Berlin, Bremen, Hamburg, Hannover, Düsseldorf, Nürnberg, Innsbruck, Salzburg und Wien.

Der Pendelbus fährt alle 20 Min. von der Ankunftshalle zur Straßenbahnhaltestelle Baggersee mit Anschluss an die Linie A zur Stadtmitte. Taxis in die Stadtmitte kosten ca. 23 € (Nachttarif von 19 bis 7 Uhr ca. 38 €).

Flughafeninformation: Tel. 03 88 64 67 67; www.strasbourg.aeroport.fr

Mit dem Zug

Direkte Verbindungen gibt es zwischen Straßburg und Paris, München, Frankfurt/M., Saarbrücken, Wien, Innsbruck, Salzburg, Basel, Bern und Zürich. Regionalzüge der SNCF verkehren u. a. nach Kehl, Haguenau, Molsheim und Obernai. Die Strecke des Hochgeschwindigkeitszuges TGV von Paris nach Straßburg ist im Bau.

Strasbourg SNCF, Gare Central, Place de la Gare, Tel. 08 92 35 35 35, Tramlinien A und D. www.sncf.fr

Mit dem Auto

Die Mehrzahl der Autofahrer erreicht Straßburg auf der A 5 über Karlsruhe oder Basel und Kehl/Europabrücke oder Basel und die 2002 eingeweihte Pierre-Pflimlin-Brücke bei Offenburg. Von Saarbrücken führt die A4/E25 nach Straßburg. Dort sind das Zen-

STRASSBURG
STRASSENBAHNEN
Straßenbahnlinie mit Haltestelle
A B C D Endhaltestelle
P+R Park & Ride Anlagen
Busanschluss
Hoenheim Gare
Général De Gaulle
Le Ried
Lycée Marc Bloch
Pont Phario
Le Marais
Futura-Glacière
Rives de l'Aar
Wacken
Lycée Kleber
Parc du Contades
République
Gallia
Universités
Observatoire
Esplanade
Hautepierre
Maillon
Dante
Hôpital de Hautepierre
Ducs d'Alsace
Saint Florent
Rotonde
Gare Centrale
Anc. Synagogue/
Les Halles
Faubourg National
Alt Winmärik
Homme de Fer
Place
Broglie
Musée d'Art Moderne
Laiterie
Montagne-Verte
Elsau
Langstross/
Grand'Rue
Porte de l'Hôpital
Etoile Bourse
Etoile Polygone
Schluthfeld
Krimmeri/Stade de la Meinau
Lycée Couffignal
Emile Mathis
Hohwart
Illkirch Baggersee
Colonne
Leclerc
Campus d'Illkirch
Illkirch
Lixenbuhl

trum *(Centre ville)*, die Place Kléber, das Münster *(Cathédrale)* und La Petite France ausgeschildert. Wer keinen Parkplatz beim Hotel hat, sollte den Wegweisern »P« folgen und den Wagen frühzeitig abstellen. Die Parkhäuser Gare, Broglie, Kléber, Homme de Fer und Gutenberg sind oft besetzt.

An den Linien der ultramodernen Straßburger Niedrigflur-Tram liegen 8 ausgeschilderte **Park&Ride-Plätze,** von denen man die Tram in die Stadt leicht erreicht. Die P+R-Plätze sind Mo-Sa von 7–20 Uhr kostenpflichtig (sonst gratis). Im Parkpreis (2,40 € bzw. 2,70 €) ist das Tramticket hin und zurück für alle Autoinsassen enthalten. Wer außerhalb der oben genannten Zeiten auf den P+R-Plätzen gratis parkt, muss das reguläre Tramticket bezahlen. Einen Überblick über sämtliche Parkmöglichkeiten in Straßburg gibt die auch deutschsprachige Internetseite www.parcus.com.

▮ Taxiruf: Tel. 03 88 36 13 13.

Öffentliche Verkehrsmittel in Straßburg

Tram und Bus

Die Straßenbahn fährt in kurzen Zeitabständen quer durch die Stadt . Weitere Linien sollen bis 2006 das Streckennetz erweitern. Die Tram ist tgl. von 4.30–0.30 Uhr im Betrieb. In der Rush Hour fahren die Bahnen alle 4 Minuten. Die Fahrscheinautomaten an den Haltestellen funktionieren mit Münzen oder Bankkarten. Informationstafeln zeigen alle Verbindungen.

Außerdem kommt man mit den gold-grünen Bussen (viele Busse sind behindertengerecht bzw. Niederflurbusse) fast überall hin. Zentrale Haltestellen sind Gare Centrale, L'Homme de Fer, Ancienne Synagogue/Les Halles, Gutenberg. Die Linie 10 fährt über Bahnhof, Universität und Place du Corbeau um die Altstadt herum. Mit der 23 gelangt man zum Europapalast. Nach Kehl fährt die Linie 21. Von Kehl kann man mit dem Bus Nr. 31 zur Place de l'Etoile und zur Place Gutenberg fahren. Generell haben die Stadtbusse dieselben Betriebszeiten wie die Tram (s. links).

Der Einzelfahrschein mit Umsteigen für Bus und Straßenbahn kostet 1,20 €. Mehrfahrten- und Familienkarten gibt es in CTS-Büros, Tabakläden, an Kiosken und Automaten.

Tipp Für Bus und Straßenbahn gibt es den **Tour Pass.** Für 3 € können Sie 24 Stunden lang unbegrenzt fahren (Verkauf über CTS-Büros an der Place Kléber und am Bahnhof).

Die blauen Überlandbusse verkehren ab Place des Halles und Bahnhof.

i Sehr nützlich ist der **Plan bus-tram** der CTS (Compagnie des Transports Strasbourgeois), 14, rue de la Gare aux Marchandises, 67200 Strasbourg, Tel. 03 88 77 70 70. CTS-Büros an der Place Kléber (Mo–Fr 7.30–18.30, Sa bis 17 Uhr) und am Bahnhof (Mo–Fr 7.15–18.30 Uhr). Dort erhält man alle Informationen.

Unterwegs mit dem Rad

Detaillierte Pläne über Wege in der Stadt bzw. Radrouten außerhalb bekommt man beim Verkehrsamt und in Buchläden. An mehreren Stellen kann man Räder ausleihen (s. Special S. 11). Sie dürfen durch die hinterste Tür in die Straßenbahn eingeladen und mitgenommen werden (außer Mo bis Sa 7–9 und 17–19 Uhr; Fahrschein fürs Rad ist nötig, aber So und Fei ist der Radtransport in der Tram gratis).

1

Seite 52

Weg 1

Zu Füßen des Münsters

*****Cathédrale Notre-Dame → **Maison Kammerzell → **Musée de l'Œuvre Notre-Dame → *Place St-Etienne → Rue des Juifs**

Nichts prägt Straßburg mehr als sein meisterliches Münster. Die himmelstürmende Fassade aus rosa Sandstein überragt die Place de la Cathédrale, das Herz der Stadt. Eilige Straßburgerinnen mit prallen Einkaufstüten suchen ein Durchkommen zwischen staunenden Touristen, weiß geschminkten Pantomimen, Jongleuren und Straßenhändlern. Sogar in der Kathedrale geht es oft nur wenig ruhiger zu. Engel und Apostel, Heilige und Könige schauen aus der Höhe hinunter auf den Trubel. Wer die engen Stufen des Münsterturms bis zur Plattform emporsteigt, kann die Schwindel erregende Aussicht über die Ziegeldächer der Stadt genießen. Ein Bummel durch die krummen Gassen zu romantischen Ecken und Plätzen, über denen typisch straßburgerisches Flair liegt, führt ein wenig weg vom Rummel und erschließt eine andere Facette der Satdt.

Tipp **Bevor es losgeht:** Jeden der folgenden sechs Wege durch Straßburg kann man inklusive Besichtigungen bequem an einem halben Tag zurücklegen. Da die Entfernungen im Zentrum nicht allzu groß sind, kann man die Stadt wunderbar zu Fuß erkunden. Als Alternative stehen Fahrräder (s. Special S. 11) bereit.

Die **Place de la Cathédrale** ist der Treffpunkt für ganz Straßburg. Bereits frühmorgens werden die Tische der Cafés auf dem Pflaster zurechtgerückt und die Ständer der Andenkenläden vor die Geschäfte gerollt. Kinder eilen zur Schule, Reiseleiter führen die ersten Gruppen, Musiker und Straßenkünstler beginnen zu spielen. Und über all dem Treiben erhebt sich wie seit Jahrhunderten das Münster.

***Cathédrale Notre-Dame ❶

Man muss den Kopf in den Nacken legen und schafft es trotzdem kaum, sie in ihrer ganzen Pracht zu erfassen – so gewaltig wirken die Dimensionen des Münsters.

Geschichte

Seit der Entstehung Straßburgs bildete dieser Ort sein religiöses Zentrum: Zuerst befand sich hier ein gallisches Heiligtum, dann errichteten die Römer ihr Forum. Die erste christliche Kirche wird schon im 8. Jh. erwähnt. Um die Jahrtausendwende wurde die karolingische Kathedrale infolge eines Streits zwischen dem Bischof von Straßburg, Werinher von Habsburg, und dem Herzog von Schwaben zerstört.

Die ältesten erhaltenen Teile des heutigen Sakralbaus gehen auf einen Neubau zurück, den eben dieser Bischof ab 1015 ausführen ließ. Auf diesem Grundriss nahm das Münster nach mehreren schweren Bränden seit dem späten 12. Jh. seine Gestalt an.

Begonnen wurde wie üblich im Osten mit dem Chor, der im Stil der staufischen Romanik errichtet wurde.

Das prachtvolle Mittelportal der Westfassade des Münsters

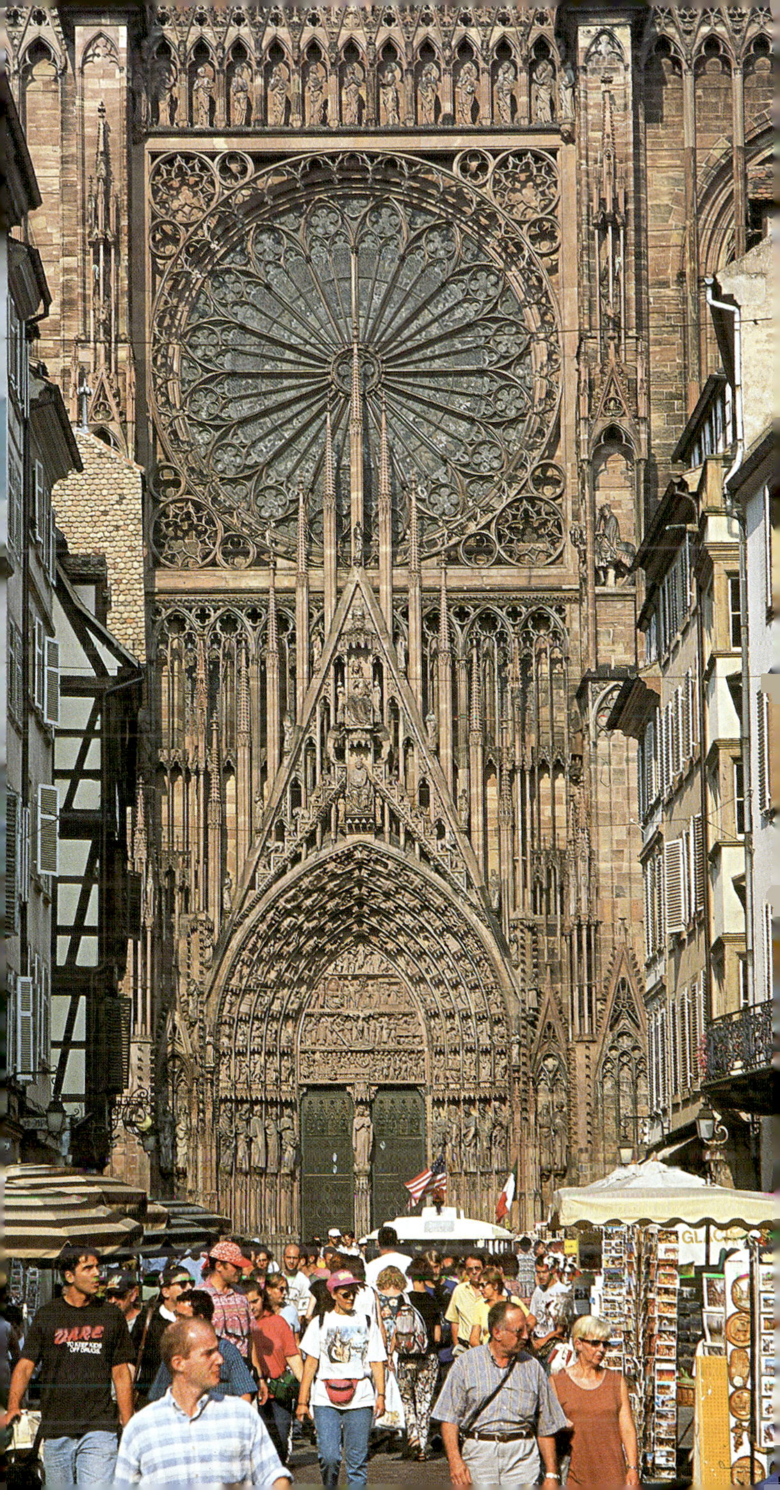

1

Seite 45

Ab ungefähr 1225 machte sich dann der gotische Einfluss aus dem benachbarten Frankreich bemerkbar. 40 Jahre Bauzeit brauchte allein das dreischiffige Langhaus. 1277 legte dann Bischof Konrad von Lichtenberg den Grundstein für die Westfassade, mit deren Ausführung Erwin von Steinbach betraut wurde. Doch es kamen und gingen noch viele Baumeister, bis Johannes Hültz aus Köln 1439 den nördlichen Turm vollenden konnte.

Äußere Pracht

Der marmorierte Vogesensandstein der Kirche wechselt mit der Tageszeit die Farbe: von tiefrot bis altrosa. Die Westfassade ragt himmelstrebend empor, ausgewogen proportioniert und filigran gegliedert. Wimperge bekrönen die drei großen Portale, über denen sich das Rosengeschoss und ein drittes Stockwerk erheben. Die meisten Skulpturen an den Portalen sind durch Kopien ersetzt. Die Originale werden im Frauenhausmuseum (S. 49) aufbewahrt.

An den seitlichen Schrägen des **linken Portals** [A] stechen Frauen mit langen Lanzen heftig auf liederliche Gestalten zu ihren Füßen ein. Sie stellen die Tugenden dar, die den Lastern zu Leibe rücken. Das Bogenfeld darüber erzählt in leicht verständlichen Bildern die Kindheitsgeschichte Christi.

Das prächtige Tympanon des **Mittelportals** [B] schildert figurenreich auf vier Registern die Passion Christi. Im Mittelalter, als noch kaum jemand lesen konnte, kam derartigen Darstellungen eine besondere Bedeutung bei der Vermittlung der Glaubensinhalte zu. Die Gläubigen konnten Christus beim Letzten Abendmahl mit den Aposteln sehen oder den Schmerz der Frauen nachempfinden, die neben dem Gekreuzigten weinen. Auf den Bogenläufen sind die Schöpfungsgeschichte und Szenen aus dem Neuen Testament wiedergegeben, allerdings in Nachschöpfungen des 19. Jhs. Dies gilt auch für die sanft blickende Madonna am Mittelpfeiler. Originale sind die Statuen der Propheten im Gewände. Die Portalskulptur entstand im Wesentlichen um 1275. Im Wimperg über dem Portal sitzt König Salomon auf seinem Thron, flankiert von zwölf Löwen, die die Stämme Israels symbolisieren, und Statuen der Apostel.

Im Tympanon des **rechten Portals** [C] ist Christus als Weltenrichter zu sehen. Im Gewände stehen die Klugen und die Törichten Jungfrauen.

Über dem Mittelportal fällt der Blick automatisch auf die Fensterrose mit 14 m Durchmesser. Oberhalb der Rosette steht die Galerie der Apostel und noch höher stehen die Engel. Ihre Flügel leuchten im Licht der untergehenden Sonne phosphorgrün. Die Rose überragten bis ins 14. Jh. zwei Turmstümpfe. Erst Michael Parler ließ damals den mittleren Teil des dritten Fassadengeschosses einfügen.

Auf dem Weg zum spätgotischen Laurentiusportal am nördlichen Querhaus kommt man an einer Balustrade aus phantastischem Maßwerk vorbei.

Sonntagmorgen

Der frühen Sonntagmorgen ist ideal für alle, die sich die Gassen und Plätze rund um das Münster in Ruhe ansehen möchten. Vielleicht wird man seinen Spaziergang mit der Teilnahme am Gottesdienst im Münster verbinden. Die Kathedrale wird dann nicht nur als eine kunsthistorische Sehenswürdigkeit erlebt. Die Zeiten der Messen sind in der Kirche angeschrieben.

Seite 45

Der Zweck dieser nach ihrem Erbauer benannten **Götz-Galerie** [D] aus dem 18. Jh. bestand darin, die hässlichen Buden und Läden zu verbergen, die zwischen den Strebepfeilern errichtet worden waren. Im Mittelalter sollen sich selbst Prostituierte, die sogenannten Münsterschwalben, an der Kirchenwand eingerichtet haben.

Den Baldachin im Flamboyantstil über dem Eingang zur ehemaligen **Laurentiuskapelle** [E] hat Jacob von Landshut um 1500 entworfen. Hans von Aachen schuf die Madonna mit Kind und den Heiligen Drei Königen auf der einen und Laurentius mit weiteren Gestalten auf der anderen Seite. Bei der Darstellung des Martyriums des Laurentius handelt es sich um eine freie Nachbildung des 19. Jhs. Eine Etage höher strecken Dämonen und Fabelwesen die Klauen aus und leisten als Wasserspeier gute Dienste.

Die Südseite der Kathedrale ist mit dem *Lycée Fustel de Coulanges*, dem ehemaligen Jesuitenkolleg aus dem 18. Jh. verbunden. Hier stand im Mittelalter der Kreuzgang der Kleriker.

Besonders ausdrucksstark und daher sehenswert ist der Skulpturenschmuck des **südlichen Querhausportals** [F]. Er ist der Schutzheiligen der Kathedrale gewidmet und zeigt in zwei Reliefs Tod und Krönung Marias. Die hochgotischen Reliefs wurden nachträglich in das romanische Portal eingefügt.

Die stehenden Figuren der Ecclesia und der Synagoge (S. 50) sind Kopien, deren Originale im benachbarten Frauenhausmuseum zu finden sind. Zwischen ihnen thront der weise Salomon (modern). Er steht thematisch mit dem Engelspfeiler im Inneren des Münsters in Zusammenhang und mit der mittelalterlichen Funktion des Platzes: Hier leitete der Bischof die Gerichtssitzungen.

A Linkes Westportal
B Mittleres Westportal
C Rechtes Westportal
D Götz-Galerie
E Laurentiuskapelle
F Südquerhausportal
G Kaiserfenster (romanisch)
H Kaiserfenster (gotisch)
I Orgel
J Kanzel
K Chor
L Ölberg-Gruppe
M Johanneskapelle
N Engelspfeiler
O Andreaskapelle
P Astronomische Uhr
Q Katharinenkapelle
R Aufgang zur Turmplattform

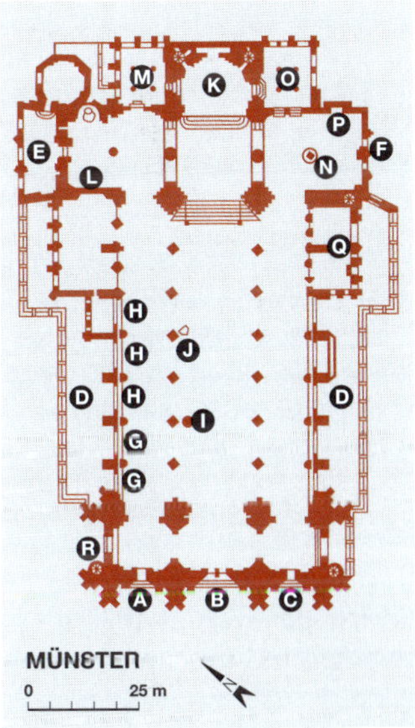

1

Seite 45

Innenraum

So viel äußere Prachtentfaltung macht neugierig auf das Innenleben der Kathedrale. Man sollte den kurzen Weg bis zur Westfassade zurückgehen, um das Münster durch das Portal zu betreten. Sofort ist man von dem mystischen Dämmerlicht gefangen. Dank der vielen erhaltenen originalen Scheiben vermittelt die Kirche wenigstens noch ungefähr einen Eindruck der ursprünglichen Lichtverhältnisse.

Im Vergleich zum mittelalterlichen Treiben ist der heutige Trubel im Münster harmlos: Händler durften ihre Waren hier lagern, lärmende Versammlungen wurden abgehalten, und durch das Querhaus wurden sogar Schweine zum Marktplatz getrieben, da die Hirten sich auf ein altes Wegerecht berufen konnten.

Das Münster ist dreischiffig und besitzt wie alle klassischen französischen Kathedralen einen dreigeschossigen Wandaufriss. Ein Kreuzrippengewölbe überspannt das himmelhohe Mittelschiff. Spitzbogenarkaden trennen es von den beiden Seitenschiffen, darüber öffnet sich das belichtete Triforium, gefolgt vom Obergaden. Ungehindert steigen die Dienste der Bündelsäulen bis zum Gewölbeansatz empor. Der romanische Chor bildet mit seinen großen Wandflächen und seiner Betonung der Horizontalen einen Kontrast zum gotischen Schiff.

Berühmt ist das Münster für seine Buntglasscheiben verschiedener Epochen. Sie gehen bis ins 12. Jh. zurück, die älteste ist ein romanischer Engel in der Apsis der Krypta. Am bekanntesten sind die **Kaiserfenster** [G]. In ihren gotischen Spitzbogen leuchten bunte Farben: Schlanke Gestalten, die Kaiser des Heiligen Römischen Reiches Deutscher Nation, sind in byzantinisch anmutende Gewänder gehüllt. Die frühesten Fenster sind im nördlichen Seitenschiff zu finden. Sie entstanden um 1200 und erhielten später gotische Rahmungen. Die drei sich Richtung Chor anschließenden **Darstellungen des Kaisers** [H] entstanden während des Baus des Langhauses (um 1275) und im 14. Jh. Erhalten blieb auch der größte Teil der gotischen Fenster im Hochschiff. Wer ein paar Schritte in Richtung Chor geht und sich dann umdreht, kann die großartige Rosette des Westwerks in ihrer vollen Intensität erleben: Wie im Kaleidoskop schimmert ihr Bild in Grün, Gelb und Rot. Das Glas ihrer Fenster ist 1845 nach einem Hagelschlag getreu den Originalen erneuert worden.

Buntglasfenster tauchen den Innenraum in ein warmes Licht

Das Mittelschiff birgt weitere Prachtstücke: die Orgel und die Kanzel. Das Gehäuse der **Orgel** [I] wurde im 15. Jh. angefertigt. Samson auf dem Löwen, beide mit wilder Mähne, ziert den Unterbau. Das Klangwerk hat ursprünglich Andreas Silbermann angefertigt, 300 der 3000 Orgelpfeifen stammen noch von ihm.

Tipp Ein Genuss sind die **Orgelkonzerte** im Münster sowie in den Kirchen St-Thomas und St-Pierre-le-Jeune (protestant). Die Termine sind

Detail der Ölberg-Gruppe

jeweils an den Kirchen angeschlagen oder beim Office du Tourisme (S. 100) zu erfragen.

Die spätgotische **Kanzel** [J] schuf der Münsterbaumeister Hans Hammer ab 1485 für den Prediger Geiler von Kaysersberg. Hammer benötigte zwei Jahre, bis das Werk aus weißem Sandstein vollendet war. Figuren umgeben den Sockel und den ganz mit Maßwerk überzogenen Kanzelkorb. Dramatisch ist der Faltenwurf ihrer Gewänder. Die Gestalten tragen unterschiedliche Frisuren und Kopfbedeckungen wie Krone, Turban oder die Mitra eines Bischofs. Auch jener Hund, der Geiler von Kaysersberg stets bellend in die Kirche nachgelaufen sein soll, ist an der Kanzel verewigt.

Nun gelangt man in den älteren Teil des Münsters, den **Chor** [K] aus dem ausgehenden 12. Jh. Die glitzernde Bemalung der Apsis aus dem 19. Jh. wurde 1995 restauriert. Sie erinnert mit ihrem Goldgrund an byzantinische Mosaike. Das zentrale Fenster stiftete 1956 der Europarat. Der Künstler Max Ingrand verwies mit dieser Maria – sie hat die Arme ausgebreitet, das Kind auf ihrem Schoß hält eine Lilie – auf das historische Banner Straßburgs.

Im nördlichen Querhaus steht eine bewegende **Ölberg-Gruppe** [L]. Auf den Knien fleht Christus zu Gott, die erhobenen Hände gefaltet. Voller Inbrunst schaut er zu dem Engel hin, der ihm gegenüber auf dem Berg steht. Doch hinter dem Zaun drängen schon seine Häscher – mit mittelalterlichen Waffen ausgestattet – heran. Judas ist an dem Beutel mit den Silberlingen zu erkennen. Das Werk von 1498 wird Veit Wagner zugeschrieben. Es kam von seinem ursprünglichen Standort in St-Thomas (S. 60) ins Münster.

Auch die **Johanneskapelle** [M] weist Kunstwerke von hohem Rang auf. Das Epitaph des Domherrn Konrad von Busnang wird Nikolaus Gerhaert von Leyden zugeschrieben. Der Künstler stellt dem starren Bild des Toten eine Mariengestalt mit lebendig bewegtem Christuskind gegenüber.

Im südlichen Querhaus stützt ein wundervoller Pfeiler das Gewölbe. Der **Engelspfeiler** [N] zeigt auf drei Etagen das Jüngste Gericht. In der unteren künden die Evangelisten den Jüngsten Tag an, in der zweiten erwecken Engel mit Posaunenschall die Toten, und ganz oben sitzt Christus auf dem Richterstuhl. Die Engel zu seinen Seiten tragen die Leidenswerkzeuge. Hier hat man sich für eine außergewöhnliche Darstellung des Weltgerichts entschieden. Besonders die Evangelisten, die ihre in eleganten Falten fließenden Gewänder halten, begeistern. Die Figuren wurden gegen 1230 an dem bereits fertig gestellten Pfeiler angebracht. Ein Mann stützt sich bequem auf die Balustrade der Sängertribüne über der romanischen **Andreaskapelle** [O] und scheint sich den Engelspfeiler anzuschauen. Vielleicht hat sich der Bildhauer Nikolaus von Hagenau selbst porträtiert.

Eine Attraktion im Südquerhaus ist die **Astronomische Uhr** [P] aus dem 16. Jh. Jean-Baptiste Schwilgué hat das Uhrwerk 1838 erneuert. Am Gehäuse zeigt über Globus, Zifferblatt und Tierkreiszeichen ein goldener

1
Seite 45

1
Seite 45

Jahr, Monat und Tag zeigt die Astronomische Uhr an

Mond auf nachtblauem Hintergrund die Mondphasen an. Im 16. Jh. war statt der Sonne die Erde im Mittelpunkt des Tierkreises zu sehen. Die Kirche akzeptierte das heliozentrische Weltbild damals noch nicht. Die Uhrmacher fügten sich, doch ließen sie ein Bild des Kopernikus als mittleres der Porträts anbringen. Damit demonstrierten sie gewitzt, dass ihnen der damalige Stand der Wissenschaft durchaus bekannt war.

Ruhiger geht es in der **Katharinenkapelle** [Q] im rechten Seitenschiff zu. Die Steinfiguren der hl. Katharina und der hl. Elisabeth, die einem Bettler eine Gabe reicht, stammen aus dem 14. Jh. Auf dieselbe Zeit gehen die Apostelfenster in der Kapelle zurück.

Vergänglichkeit

Als Mahnung an die Vergänglichkeit des Lebens schlägt der Tod als Skelett die Stunden mit einem Knochen auf der Glocke an. Die Apostel ziehen an Christus vorbei, der sie segnet.
Der Hahn über den Bildern rechts der Astronomischen Uhr kräht währenddessen dreimal.

Tipp Eine andere Perspektive auf das Münster und die Stadt bietet die **Plattform** des unvollendeten Turms. Auf der linken Seite der Westfassade führt eine enge Wendeltreppe [R] mit 332 Stufen in 66 m Höhe hinauf. Durch die schmalen Fenster ihrer Mauern sieht man erst nur ein paar Strebebögen mit Maßwerkblumen und Fialen. Oben aber breitet sich ein Blick auf ganz Straßburg aus: Graurote Dächer stapeln sich übereinander, mittendrin Reihen von Dachgauben, hochgemauerte Kamine und schräge Treppengiebel. Hinter den Kirchtürmen erstreckt sich die nüchterne Neustadt mit Büroklötzen und Wohntürmen. An klaren Tagen sind in der Ferne Schwarzwald und Vogesen zu sehen.

Von der Plattform aus kann man auch den vollendeten Nordturm genauer betrachten. Elegante Wendeltreppen flankieren ihn bis zum Beginn der luftig-leichten Pyramide, die seit Anfang 2003 restauriert wird. Erst im 19. Jh. wurde die Idee, auch den zweiten Turm fertig zu stellen, endgültig aufgegeben.

Öffnungszeiten:
- **Münster:** tgl. 7–11.30 und 12.40 bis 19 Uhr, keine Besichtigung während der Messen; tgl. drei Führungen, aktuelle Zeiten sind angeschlagen.
- **Turm:** April–Okt. Mo–Fr 9–17.30, Sa, So und feiertags 10–17.30 Uhr; Nov. –März Mo–Fr 9–16.30, Sa, So und feiertags 10–16.30 Uhr.
- **Astronomische Uhr:** Vorführung um 12.30 Uhr, Eintrittskarten ab 12 Uhr am Südquerhaus.

Restaurant und Hotel: Maison Kammerzell

Das Münster Notre-Dame zu Straßburg, Ein Weg der Erkenntnis, Edition du Signe. Neben kunsthistorischen Texten sind u. a. Auszüge aus den Predigten Geilers von Kaysersberg abgedruckt (erhältlich z. B. im Münster).

Pharmacie du Cerf ❷

Das cremefarbene Fachwerkhaus beherbergte bis zum Jahr 2000 die älteste Apotheke Frankreichs, die schon seit 1268 bestehende **Hirschapotheke.** Das heutige Gebäude mit dem steilen Dach stammt aus dem 16. Jh. Den Schaufensterbogen zieren Drachen und anderes Getier.

Tipp Winstub hier, Flammkuchen dort – das bleibt nicht ohne Folgen. Wer Maß nehmen will (vorher/nachher), schiebt sich in den **Bauchmesser,** der seit über 500 Jahren vor der Apotheke steht. Bis zu einem gewissen Taillenumfang fällt dies auch nicht schwer.

**Maison Kammerzell ❸

Nahe der Apotheke steht die Maison Kammerzell, ein Meisterwerk des Fachwerkbaus. Über dem schlichten Steinsockel von 1467 kragen drei reich geschnitzte Stockwerke aus dem 16. Jh. vor. Die Schnitzereien auf den schwarzen Balken symbolisieren u. a. die Tierkreiszeichen. Schmale Figuren an der Hausecke stellen die christlichen Tugenden dar. Putten musizieren auf Harfe und Flöte, selbst die Mauerflächen zwischen den Holzbalken sind mit gelben und roten Ornamenten bemalt.

Die nach einem früheren Besitzer benannte Maison Kammerzell dient heute als Restaurant (S. 27) und Hotel. Besonders am Abend ein romantisches Eckchen!

**Musée de l'Œuvre Notre-Dame ❹

Hinter den verschnörkelten Fassaden des berühmten Frauenhausmuseums kann man Kunst und Handwerk des 11. bis 17. Jhs. kennen lernen. Schon die Gebäude sind Kleinode mittelalterlicher Architektur. Der linke Flügel mit dem schlichten Treppengiebel wurde 1347 errichtet. Er verblasst etwas neben dem üppig mit Voluten und Vasen und einem Lanzenträger besetzten Giebel des Nachbarhauses aus dem 16. Jh. Außerdem gehören die alte Stiftsbäckerei und ein Fachwerkhaus, das früher südlich der Illkais stand und hier wieder aufgebaut wurde, zu dem verschachtelten Komplex.

Durch die Fenster des Museums sieht man auf alte Holzgalerien und idyllische Innenhöfe, welche die Häuser verbinden. Im Hof neben dem Gasthaus ist ein gotisches Gärtchen

1
Seite 52

1

Seite 52

Die prächtige Salle de la Loge im Frauenhausmuseum

nach Vorbildern aus dem 13. Jh. angelegt worden. Das Zusammenspiel von alter Bausubstanz, teilweise originaler Inneneinrichtung und den ausgestellten Kunstwerken verleiht dem Museum eine sehr dichte Atmosphäre.

Der ehemalige **Sitzungssaal der Maurer und Steinmetze** besitzt noch seine originale Decke, deren eine Hälfte ein Netzgewölbe, die andere eine Holzbalkendecke bildet. Hier sind die Skulpturen vom **Laurentiusportal** (S. 45) ausgestellt. Ihre Gesichter tragen sehr individuelle Züge. Eine Figur, die mit ihrer Hand die Augen beschirmt, stammt vom Nordturm der Kathedrale. Sie sieht nach oben, als könnte sie die Höhe des Münsters noch immer nicht fassen.

In den weiteren Räumen bietet sich Gelegenheit, die Originale der am Münster hoch oben angebrachten Kopien genauer in Augenschein zu nehmen. Der Wimperg über dem mittleren Westportal füllt eine ganze Wand. Bekannt vorkommen dürften den Besuchern jetzt auch die **Ecclesia** und die **Synagoge,** die Jungfrauen samt Verführer vom Westportal und die **Propheten** vom Mittelportal. Fragmente blieben von dem gotischen Lettner erhalten, der im 17. Jh. bei der Wiedereinführung des katholischen Kultes in der Kathedrale abgebrochen worden war. Einzigartige Dokumente runden das Bild des Münsters ab: die berühmten **Baurisse,** Handzeichnungen verschiedener Münsterbaumeister mit Entwürfen zur Westfassade und zum Turm. Sie entstanden zwischen 1275 und dem frühen 16. Jh.

Der Bildhauer Nikolaus Gerhaert von Leyden ist mit einer Büste von erlesener Schönheit im Frauenhausmuseum vertreten. Bei seinem *homme accoudé* handelt es sich wohl um ein Selbstbildnis. Die Figur aus mattrosa Sandstein stützt sich auf den Sims eines nicht mehr vorhandenen Fensters. Das markante Gesicht des Mannes wirkt so lebendig, als würde er gleich den gesenkten Blick heben.

Vom Feinsten und sorgfältig präsentiert ist auch die **Glasmalerei:** Die Scheiben sind von hinten beleuchtet, so dass selbst noch zarte Linien zur Geltung kommen. Im Erdgeschoss wird mit dem Christuskopf aus der Abteikirche von Weissenburg eines der ältesten erhaltenen Stücke figürlicher Glasmalerei in Europa gezeigt. Es soll um 1070 geschaffen worden sein. Die romanische Darstellung Karls des Großen, der in bunte Gewänder gehüllt auf dem Thron sitzt, entstand um 1200. Peter Hemmel aus Andlau hat den goldlockigen »Adam im Paradies« 1470 geschaffen. Bunte Blumen und ein verlockender Apfel schmücken das einst für St-Pierre-le-Vieux gearbeitete Fenster.

Stellvertretend für die Tafelmalerei des 15. Jhs. seien die Bilder von Konrad Witz genannt. Mit den »Heiligen Magdalena und Katharina« zeigt er zwei innig vertraute Frauen in reich gefältelten Gewändern. Wer durch die Tür hinter den beiden schaut, sieht Alltagsleben zur Zeit der Spätgotik. Die folgende Epoche repräsentiert Hans Baldung Grien, der fast sein ganzes Leben in Straßburg verbrach-

1

Seite 52

te. Das Porträt des Ambrosius Volmar Keller zeigt den Mann mit der scharf gebogenen Nase vor einer etwas düsteren Landschaft. Die allegorischen Stillleben des angesehenen Straßburgers Sebastian Stoskopff sind Studien des Lichts. In Körben arrangierte der Maler Gläser und goldene Pokale, um dann meisterlich ihr Blitzen und Funkeln auf die Leinwand zu bannen. Motive gab es für ihn in Straßburg reichlich, denn die Handwerker seiner Vaterstadt waren berühmt für ihr Geschick.

Die Silber- und Goldschmiede stellten kostbare Pokale her, nicht nur aus Glas, sondern auch aus exotischen Materialien wie Kokosnüssen. Die Möbelschreiner fertigten mannshohe Schränke, die sie mit Zierrat überluden: Säulen, Intarsien und Schnitzereien stehlen sich darauf gegenseitig die Wirkung.

Ein Bummel durch die Ausstellung der Möbel, Gläser, Holzskulpturen und Elfenbeinschnitzereien rundet den Eindruck von der Entwicklung der Kunst und des Kunsthandwerks in Straßburg und am Oberrhein ab (tgl. außer Mo 10–18 Uhr; www.musees-strasbourg.org).

Originale

Die Originalskulpturen aus dem Münster sind durch ihre Aufstellung im Frauenhausmuseum gewissermaßen wieder an den Ort ihrer Entstehung zurückgekehrt. Seit 1347 waren die Häuser Sitz der Münsterbauhütte (S. 21) und der noch heute bestehenden Institution *l'Œuvre Notre-Dame*. »Unser-Lieben Frauen-Werk« war seit dem Mittelalter für die Verwaltung der für die Kathedrale bestimmten Schenkungen und Stiftungen zuständig.

Tipp Ihre Geschichte stellt die Münsterbauhütte auf ihrer Website vor und bietet Hintergrundinformationen: www.oeuvre-notre-dame.org.

Zur *Place St-Etienne

Folgt man den schmalen Gassen weg von der Place du Château, wird es allmählich stiller. Die Rue de la Râpe ist ganz und gar geprägt von der langen, schlichten Fassade des Lycée Fustel de Coulanges. An diesem Gymnasium werden seit einiger Zeit auch elsässische Sprache und Kultur unterrichtet. Das Rokokoportal am **Cagliostro-Haus** am östlichen Ende der Straße wirkt in der sachlichen Umgebung umso verspielter. Hier lebte 1780–1783 Giuseppe Balsamo, ein Hochstapler und Alchemist, besser bekannt als Graf Cagliostro.

In der Rue des Ecrivains steht der **Andlauer Hof,** den der Bischof für die Stiftsdamen der Abtei Andlau erbauen ließ. Leicht kann man den engen Durchgang verpassen, der zu der mit Kopfstein gepflasterten ***Place du Marché Gayot** ❺ führt. Häuser aus drei Jahrhunderten rahmen den bezaubernden kleinen Marktplatz ein. Im Sommer ist er ein Treffpunkt der Studenten – ein charmanter Ort, um einen Kaffee zu trinken.

Leute aus der Kulturszene Straßburgs bevorzugen hier das kleine Lokal **Le Cornichon Masqué.** Berühmt sind die fabelhaften Sandwiches und Snacks wie warmer Ziegenkäse mit Feigen auf gegrilltem Toast (Tel. 03 88 25 11 34, Mo–Sa 9–16 und 18–0.30 Uhr, So Ruhetag. ○○).

1

Seite 52

Ein paar Ecken weiter, in der Rue des Sœurs und der Rue des Frères, haben die Läden noch die alten Holzfassaden um die Schaufenster. Junge Straßburger verabreden sich gern in einer der Bars hier für den Abend.

*Place St-Etienne ❻

Verträumt wirkt dieser Altstadtwinkel. Am Brunnen unter dem alten Baum steht der »Meiselocker«: Ein Junge aus Bronze lockt mit seiner kleinen Pfeife die Vögel an. Die umstehenden Fachwerkhäuser mit den geschnitzten Balken sind typisch für den Straßburger Renaissancestil.

Tipp Im Haus Nr. 1 hat sich eine Café-Bar eingerichtet: **Le Zanzib'Art,** Tel. 03 88 36 66 18.

Über die Rue des Juifs ❼

Ein sehenswertes Palais steht in der Rue des Pucelles, einer engen und krummen Gasse. Ein hoher Treppengiebel von 1550 überragt die Häuser. Er gehört zum mehrfach umgebauten **Fürstenberger Hof.**

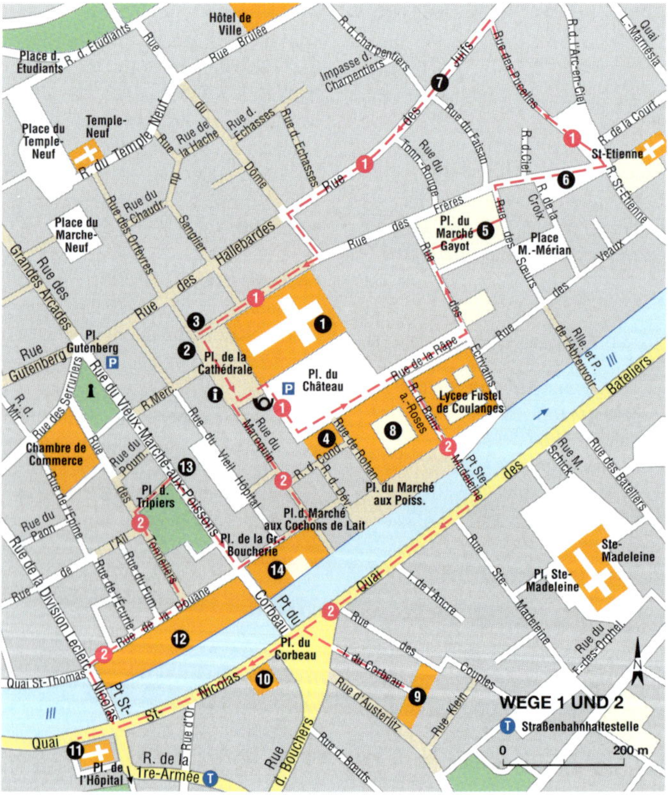

In der **Rue des Juifs** herrscht wieder mehr Betrieb. Bis zur großen Pest von 1349 war hier ein Zentrum jüdischen Lebens mit der Synagoge und der Schule. Für die Katastrophe verantwortlich gemacht, wurden die Juden brutal vertrieben, viele sogar verbrannt. Erst nach der französischen Revolution kehrten wieder Juden nach Straßburg zurück.

In die alten Fachwerkhäuser der Altstadtstraße wurden große Schaufenster gebrochen, die mit modischen Accessoires und Designerschick dekoriert sind. Malerisch wirkt noch der kleine Innenhof des Hauses Nr. 13 mit einem Brunnen, an dem Farn und Efeu wachsen.

Designermode von Armani, Calvin Klein und Donna Karan findet man etwa in der Boutique **Albe** (Nr. 16, Mo 14–19, Di–Fr 10–12.30 und 13.30–19, Sa 10–19 Uhr).
Auf dem neuesten Stand in Sachen Prêt-à-porter-Mode ist **Le Rezoh** (Nr. 15 b, Di–Sa 10–12.30 und 14–19 Uhr).

Weg 1

1. Cathédrale Notre-Dame
2. Pharmacie du Cerf
3. Maison Kammerzell
4. Musée de l'Œuvre Notre-Dame
5. Place du Marché Gayot
6. Place St. Etienne
7. Rue des Juifs

Weg 2

8. Palais Rohan
9. Cour du Corbeau
10. Musée Alsacien
11. St-Nicolas
12. Ancienne Douane
13. Wohnhaus Goethes
14. Grande Boucherie

Weg 2

Napoleons Salon

****Palais Rohan → **Musée Alsacien → Place du Marché aux Cochons de Lait → Place de la Cathédrale**

2
Seite 52

Wo kann man so herrlich auf wenigen Metern durch die verschiedenen Jahrhunderte schlendern wie in Straßburg? Krummes Fachwerk, üppige Renaissance, Neonreklame, Fast food … Sehenswertes und Touristennepp liegen dicht beieinander. Viele historische Gebäude stehen noch und dokumentieren die Epochen der Stadtgeschichte: Im Palais Rohan, in dem einst Louis XV und Marie-Antoinette zu Gast waren, drängen sich heute die Besucher in den Museumsräumen. Im Fachwerkidyll des Ferkelmarkts, wo jetzt die Souvenirstände überquellen, hatten schon im Mittelalter die Händler ihre Buden aufgebaut. Welch ein Kontrast dazu der Schifferstaden oder der beinahe schon vergessene Rabenhof. Im alten Viertel der Schiffer steht das Musée Alsacien. Wer durch die Werkstätten und Wohnstuben spaziert, taucht ein in die vergangene Welt der Bauern und Winzer.

**Palais Rohan 8

Die ehemalige Residenz der Bischöfe liegt zwischen dem Münster und der Ill und lässt sich ohne weiteres mit einem Schloss vergleichen. Bauherr war der Kardinal Gaston-Armand de Rohan-Soubise aus einer weit verzweigten und einflussreichen Adelsfamilie. Von 1704 bis zur Revolution stellte sie ohne Unterbrechung die

Schauseite des prächtigen Palais Rohan

2

Seite 52

Bischöfe der Stadt. Noblesse oblige, folglich musste alles vom Feinsten sein: Der Architekt des Königs, Robert de Cotte, wurde für den Entwurf der Residenz verpflichtet, Joseph Massol für die Ausführung. 1732 begannen die umfangreichen Bauarbeiten. Zehn Jahre später besaß Straßburg ein prächtiges Hôtel, ganz im Stil der Hauptstadt, der man nun zunehmend nacheiferte. Der Palais Rohan seinerseits wurde Vorbild für andere Bauwerke der Region.

Die Hauptfassade zum Fluss hin beeindruckt durch ihre klare Gliederung.

Rauschende Bälle

Rauschende Bälle fanden in den Prunksälen des Palais Rohan statt: 1744 war Louis XV zu Gast. Auf dem Weg von Wien nach Paris zu ihrer Hochzeit mit dem französischen Kronprinzen übernachtete 1770 Marie-Antoinette in diesen Gemächern. Die Bürger dieser Stadt bereiteten ihrer zukünftigen Königin einen begeisterten Empfang. Später hielt sich Napoleon Bonaparte an der Ill auf, und noch immer bot das Palais den passenden Rahmen für majestätische Empfänge: Gold und Kristall, Stuck und Marmor sorgten für ein Übermaß an Luxus.

In diesem Himmelbett schlief auch Napoleon

Vier korinthische Säulen tragen den dreieckigen Giebel, an seinen Seiten springt die Fassade leicht vor. Das mit ovalen Fenstern, Kaminen und einer Kuppel gestaltete Dach lockert die sonst strenge Fassade auf. Die schmiedeeisernen Balkone und die Schlusssteine der Fensterfassungen in Form von Masken sind die einzigen Schmuckelemente an dem Palast. Hinter den hohen Fenstertüren der ersten Etage liegen die fürstbischöflichen Prunksäle, die **Grands Appartements.**

Die **Chambre du Roi** ist ganz besonders verschwenderisch ausgestattet. In einem Pariser Atelier wurden im 17. Jh. die kostbaren Wandteppiche mit Szenen aus dem Leben des römischen Kaisers Konstantin nach Kartons von Peter Paul Rubens gewirkt. Zwei Spiegel in üppigen Rokokorahmen vergrößern optisch noch den Raum. Die Kopie des bombastischen Prunkbetts glänzt in rotem Damast. Doch als Schlafzimmer wurde das Gemach kaum benutzt. Napoleon Bona-

Römische Stele im Musée Archéologique

parte hielt hier seine offiziellen Morgenempfänge ab.

Durch weitere prächtige Zimmerfluchten gelangt man in die Bibliothek. Die Bücher werden in schimmernden Mahagonischränken aus dem 18. Jh. aufbewahrt. An den Wänden hängen weitere Gobelins aus dem Konstantin-Zyklus. Die Porträts der Könige Louis XIV und Louis XV sind moderne Kopien der berühmten Originale von Hyacinthe Rigaud, der die Könige in eitler Herrscherpose darstellte.

!! **Drei Museen** haben in der Residenz ihren Platz gefunden: das Archäologische Museum, das Museum für Kunsthandwerk und das Kunstmuseum. Öffnungszeiten aller dieser Museen: tgl. außer Di 10–18 Uhr; www.musee-strasbourg.org.

*Musée Archéologique

Vom Stoßzahn eines Mammuts bis zum Fürstengrab reichen die umfangreichen Bestände des Archäologischen Museums, das ein Bild der Geschichte des Elsass von der Steinzeit bis in den Zeitraum um 800 n. Chr. entwirft. Für kaum eine andere Region Frankreichs ist diese Zeit so ausführlich dokumentiert. Gebrauchsgegenstände, die für den heutigen Betrachter nur schwer als solche zu erkennen sind, werfen ein Licht auf den Alltag vor Jahrtausenden: Zu den ältesten Stücken aus der Frühzeit der Menschheitsgeschichte gehören diverse Steinwerkzeuge wie Schaber und Faustkeile. Ab dem 6. Jt. v. Chr. verzierten die Menschen bereits Keramikgefäße mit schmückenden Bändern. Dolche, Lanzenspitzen und Schwerter lassen den Stand der technischen Entwicklung in der Eisenzeit erkennen.

Einem keltischen Prinzen wurden neben Waffen und Goldschmuck aus Griechenland importiertes Bronzegeschirr als Grabbeigabe mitgegeben. Unter den Römern, damals war die Zweite Legion Augusta am Oberrhein stationiert, weiteten sich die Handelsbeziehungen aus. Zum römischen Nachlass zählen Gebrauchsgegenstände, Waffen und Grabstelen. Einige Weihegaben stammen aus den Heiligtümern für Mithras, einen ursprünglich in Persien verehrten Gott. Selbst Glas und Keramik mit einem rotbraunen Überzug, Terra sigillata, blieben erhalten.

Zu den Prunkstücken aus der merowingischen Epoche gehören der Helm eines Kriegers aus dem 7. Jh. und ein silberner Brustharnisch, der in einem alemannischen Fürstengrab bei Ittenheim entdeckt wurde. Gedanken darüber, was Archäologen künftiger Generationen freilegen werden, hat sich der 1938 in Straßburg-Neudorf geborene Künstler Raymond Waydelich gemacht. In eine Vitrine legte er so unverwüstliche Relikte unserer Zeit wie Blechteile, Brillengestelle und einen Katalysator.

2
Seite 52

2

Seite 52

Salon des Bischofs im Musée des Arts Décoratifs

****Musée des Arts Décoratifs**

Das Museum für Kunsthandwerk ist ein Paradies für die Liebhaber erlesener Keramik und besonders feinen Porzellans. Charles-François Hannong gründete 1721 seine Fayence-Manufaktur. Er betrieb Werkstätten in Straßburg und Haguenau. Unter ihren Erzeugnissen finden sich die ausgefallensten Terrinen: Weder eine leuchtend gelbe Melone noch ein Wildschweinkopf fehlen. Auf dem Tafelgeschirr blühen nicht nur die Hannong-typischen Rosen, auch die geflammten Tulpen oder die Erdbeerranken mit roten Früchten begeistern. In den letzten Jahren ihres Bestehens – 1781 musste Joseph Hannong die Arbeit einstellen – produzierte die Manufaktur auch Porzellan. Die Kollektionen von Zinngeschirr und Möbeln, kostbare Goldschmiedearbeiten und die Musikinstrumente zeugen von der ungeheuren Schaffenskraft des Straßburger Kunsthandwerks im 18. Jh.

Den Saal der Uhren und Astronomie hat Théodore Ungerer, Ingenieur und Konstrukteur Astronomischer Uhren, begründet. Zu den interessantesten Stücken gehören Originalteile der ersten Astronomischen Uhr des Münsters. Ein automatischer Hahn, gefertigt aus Holz und Eisen, sieht mit seinem wilden Kamm und den langen Federn an Schwanz und Flügeln einer modernen Eisenskulptur ähnlich.

***Musée des Beaux-Arts**

Das Kunstmuseum genießt überregionalen Ruf. Italienische und flämische Maler sind in der Sammlung vertreten, die Werke aus fünf Jahrhunderten umfasst. Botticelli, El Greco, Rubens und Goya sind nur einige der großen Meister. Besonders beliebt ist auch Nicolas de Largillière. Er malte Anfang des 18. Jhs. *»La belle Strasbourgeoise«*, jene Dame, die so selbstbewusst unter ihrem ausladenden Hut hervorlächelt. »Die schöne Straßburgerin« nimmt natürlich einen Ehrenplatz ein.

Tipp Juni bis August finden im Hof sonntags ab 10.30 Uhr Darbietungen elsässischer Trachtengruppen statt. Wer das Spektakel miterleben möchte, sollte früh genug kommen.

Zur Place du Corbeau

Einen großartigen Anblick bietet der Palais Rohan vom **Pont Ste-Madeleine.** Die nostalgischen Straßenlaternen und das verschnörkelte Eisengeländer verleihen der Brücke über die Ill besonderen Charme.

Vorbei an den Fachwerkfassaden des Quai des Bateliers, des Schifferstadens, spaziert man zur Place du Corbeau. Am Quai gegenüber fällt der Blick in den Innenhof der **Grande Boucherie** (s. S. 59). Aus dieser Perspektive wirken die Türme und das hohe Dach der Alten Metzig sehr stattlich.

Daneben erstreckt sich die **Ancienne Douane** (s. S. 58). Steil steigt ihr schmaler Treppengiebel auf. Die Holzterrasse des früheren Zollgebäudes ragt über die leise plätschernde Ill.

Place du Corbeau und Cour du Corbeau

Den modernen Rabenplatz prägen eine Reihe von Straßencafés und die schlichte Fassade des einstigen Hôtel du Rhin.

Nichts erinnert mehr an die grauenhaften Bestrafungen, deren Schauplatz der Pont du Corbeau einst war: Hier wurden Schwerverbrecher in der Ill ertränkt. Harmlosere Betrüger, wie Weinpanscher, wurden in die stinkenden Abwässer unter der Rabenbrücke, auch »Schindbrücke« genannt, getaucht.

Etwas östlich der Place du Corbeau liegt, hinter einer Toreinfahrt versteckt, die **Cour du Corbeau** ❾. Uralte Fachwerkfassaden gruppieren sich um einen winzigen Hinterhof, die offenen Holzgalerien sind verwittert. Neben dem Brunnen wächst ein Kastanienbaum, die Sonne wirft Schattenmuster auf das Kopfsteinpflaster. Das Gasthaus »Zum Raben« war vom Mittelalter bis ins 19. Jh. eine bekannte Adresse für Könige und Grafen. Auf der Tafel an der Hauswand ist vermerkt, dass Friedrich der Große und Kaiser Joseph II. inkognito in der Herberge übernachtet haben. Das Anwesen aus dem 16./17. Jh. soll in den nächsten Jahren renoviert und einem neuen Zweck zugeführt werden.

Stadtbummel mit Kindern

Wer mit Kindern unterwegs ist, findet ein reichhaltiges Angebot an Attraktionen. Wie wäre es mit einem Besuch im **Elsässischen Museum** (s.rechts), im **Planetarium** oder im **Zoologischen Museum** (s. S. 84)? Für jede Menge Spaß sorgen auch das große **Aquarium Les Naïades** bei Ottrott (s. S. 96) und das **Spaßbad Nautiland** bei Haguenau (s. S. 35). McDonalds gibt's in Straßburg übrigens auch: 33, rue des Grandes Arcades, 24, place des Halles und 143, av. Colmar.

**Musée Alsacien ❿

Viel Geld und viele Ideen wurden in das Elsässische Museum investiert. Gegründet wurde es 1902 als Bollwerk gegen die drohende Germanisierung des Elsass unter der Herrschaft des deutschen Kaiserreichs. In den drei Häusern werden elsässisches Brauchtum und volkstümliche Kunst präsentiert – übrigens ein Museum, in dem auch Kinder ihren Spaß haben.

Wilder Wein rankt sich die Galerien im Innenhof hinauf. Besucher erfahren auf anschauliche Weise viel vom Leben der Bauern und Winzer. Alles ist vorhanden: In der Küche stehen Herd und Stubenofen unter dem riesigen Rauchfang, Kochgerät und Pfannen hängen an der Wand. In der holzgetäfelten Bauernstube aus Wintzenheim ist der Nachttopf unter dem Bett ein Detail. Die Winzerstube aus Ammerschwihr macht der *Poêle*, der dekorative grüne Kachelofen, sehr gemütlich. Über knarrende Treppen und Böden geht's durch Zimmer voller Gerätschaften. Gruselig wirkt eine Galerie von **Kleiekotzern.** Durch die weit aufgerissenen Mäuler der hässlichen Holzfratzen wurde beim Mahlen des Mehls die Kleie ausgestoßen.

2
Seite 52

2
Seite 52

Elsässisches Brauchtum zeigt das Musée Alsacien

An den altersdunklen Weinfässern fällt der Blick auf die geschnitzten Fassriegel. Auf einem ist eine Meerjungfrau mit schuppigem Fischschwanz dargestellt. Traditionelle Gegenstände, wie ein Gebärstuhl, die bunte Brautkrone und das schmiedeeiserne Grabkreuz, versinnbildlichen die Abschnitte des menschlichen Lebens. Wie viel Arbeit dazwischen lag, verdeutlichen die Werkstätten. Man kann sich vorstellen, dass an der Feuerstelle in der Schmiede harte Knochenarbeit geleistet werden musste. Wenig Vertrauen erweckend wirkt die mit Glaskolben, Mörsern und einem Totenkopf ausgestattete Alchemistenküche der Apotheke im zweiten Stock des Museums (Mi–Sa und Mo 12 bis 18 Uhr, So u. Fei 10–18 Uhr, Di geschl.; www.musees-strasbourg.org).

An der Ill

Geschichtsträchtige Häuser säumen den **Quai St-Nicolas.** In Nr. 18 wohnte im 16. Jh. der Straßburger Autor Sebastian Brant (S. 22). Renaissancehäuser mit Treppengiebeln und verzierten Erkern und Bürgerhäuser im klassizistischen Stil wechseln sich ab.

Die uralte Kirche **St-Nicolas ⓫** ruht auf römischen Grundmauern. Sie ist seit dem 12. Jh. oft umgebaut worden. Durch Erweiterungen aus den Jahren 1381–1387 ist sie überwiegend gotisch. 1899 war Albert Schweitzer übrigens Hilfsprediger an dieser Kirche. Bekannt wurde er durch sein Tropenhospital in Lambarene (Gabun), für das der gebürtige Elsässer auch in seiner Heimat mit Vorträgen und Orgelkonzerten Geld sammelte.

In den Gassen am nördlichen Illufer schwillt der Touristenstrom allmählich wieder an. In der Rue de la Douane stößt man auf die schlichte Vorderseite des ehemaligen Zollgebäudes, der **Ancienne Douane ⓬**. Hinter ihren breiten Arkaden wurden im 14. Jh. die zollpflichtigen Güter gelagert. An der Wasserseite befand sich der Illhafen, der Lebensnerv der Stadt, die am Handel auf Ill und Rhein gut verdiente.

Auf der Speisekarte des Restaurants **Ancienne Douane,** das mehrere geräumige Speisesäle umfasst, stehen typische traditionelle Gerichte wie Sauerkraut, Baeckeoffe und natürlich Zwiebelkuchen (6, rue de la Douane, Tel. 03 88 15 78 78, tgl. 11.30–23 Uhr. ○–○○).

Historischer Weinkeller

Die **Cave historique** des Hospitals von 1395 an der Place de l'Hôpital etwas südlich von St. Nicolas ist ein seltenes Beispiel elsässischer Architektur aus dieser Zeit. In dem massiven Gewölbe lagern noch fünf originale Holzfässer aus dem 15./16. Jh. sowie weitere aus dem 18. und 19. Jh. (Mo–Fr 8.30–12 und 13–17.30 Uhr.)

Alte Gassen, alte Märkte

Bunte Fahnen hängen in der **Rue des Tonneliers.** Sie tragen die Zeichen der Böttcher, nach denen das Sträßchen benannt ist. Schiefe Giebel neigen sich über die Gasse, an der Ecke öffnet sich die **Place des Tripiers.** Unter Kirschbäumen stehen Holzbänke, und die Dächer der angrenzenden Häuser ringsum sind teilweise vor Altersschwäche eingesackt.

Gleich östlich in der **Rue du Vieux-Marché-aux-Poissons** wohnte hinter der Fachwerkfassade des **Hauses Nr. 36** ⓭ der Student der Rechtswissenschaft Johann Wolfgang Goethe von 1770 bis 1771. Zwischen den braunen Holzbalken wurde ein Medaillon mit dem Porträt des Dichters angebracht. Wenige Häuser weiter, in Nr. 52, erblickte der Bildhauer Hans Arp 1886 das Licht der Welt.

Luxusboutiquen internationaler Modeschöpfer verleihen der **Rue du Vieux Marché aux Poissons** etwas vom Hauch der großen weiten Welt. In dem Viertel wurde bereits vor Jahrhunderten gehandelt.

Auch an der Place de la Grande Boucherie ging es immer turbulent zu. Die massiv gebaute **Grande Boucherie** ⓮ diente fast drei Jahrhunderte als Schlachthaus und Verkaufshalle für Fleisch. Die halbrunden Torbögen des Gebäudes liegen zur Straße hin, über dem ersten Stock erhebt sich das steile Dach mit mehreren Reihen Dachgauben. Der Stadtbaumeister Hans Schoch und der Zimmermann Paul Maurer haben 1586 mit dem Renaissancebau begonnen, in den 1920 das Historische Museum mit seinen Exponaten zur Stadtgeschichte Straßburgs einzog (es bleibt voraussichtlich bis 2006 wegen Umbau geschl.).

La Grande Boucherie an der Ill

Um die Ecke liegt die von Fachwerk- und Renaissancehäusern umstandene **Place du Marché aux Cochons de Lait,** im Sommer von Touristen total überrannt.

Der Rummel ebbt auch in der **Rue du Maroquin** nicht ab, die zur Place de la Cathédrale zurückführt. Trotzdem lohnt es sich, die Fassaden der Häuser hinaufzuschauen. Zwischen den Holzbalken von Haus Nr. 9 leuchten fast schon moderne Muster in Mint und Bleu. Aus dem 16. Jh. stammen die Schnitzereien des auffallend schief stehenden Hauses Nr. 29. Damals hämmerten die Schuster in dieser Straße, die nie ein stilles Plätzchen gewesen ist.

Ferkelmarkt

Der alte Brunnen in der Mitte der **Place du Marché aux Cochons de Lait,** die herausgeputzten Fachwerkfassaden und die Holzgalerien mit roten Geranien prägen den ehemaligen Ferkelmarkt. Fliegende Händler bieten Lederhüte an, Frauen wühlen elsässische Deckchen durcheinander, Plüschstörche mit langen roten Beinen hängen bündelweise an den Ständern.

2

Seite 52

Weg 3

La Petite France

Place Gutenberg → **St-Thomas → **La Petite France → *Grand'Rue

3

Seite 66

Frühmorgens klicken noch keine Kameras, die Weinlokale und Andenkenläden sind geschlossen. Bevor der große Rummel zwischen Fachwerk und Illkanälen losgeht, ist ein Spaziergang durch die Gassen des »Kleinen Frankreich« am reizvollsten. Dicht an dicht stehen die Fachwerkhäuser, fast wie in einem Freilichtmuseum. Im Mittelalter, als die Gerber auf den Dachböden ihre Felle trockneten, war das Viertel ziemlich verrufen: Wer an der »Franzosenkrankheit«, der Syphilis, litt, den steckte man hierher ins Krankenlager. Heute haben die Touristen La Petite France entdeckt und für sich vereinnahmt. Einreihen heißt es und geduldig im langen Strom durch die kopfsteingepflasterten Gassen drängen. Vielleicht schert man nach rechts oder links aus und lässt sich unter schmiedeeisernen Weinstubenschildern Sauerkraut und Riesling schmecken, während Ausflugsboote durch die Schleusen fahren.

Place Gutenberg und Chambre de Commerce ⓯

Vor der unübersehbaren Chambre de Commerce herrscht Hochbetrieb auf der **Place Gutenberg**. Wo sich die Hauptachsen des Zentrums kreuzen, hat die Stadt dem Erfinder der Buchdruckerkunst ein Denkmal gesetzt. Johannes Gutenberg hatte ab 1434 einige Jahre in Straßburg an seiner

Auf der Place Gutenberg

Erfindung gearbeitet, ehe er in seine Geburtsstadt Mainz zurückkehrte.

Die **Chambre de Commerce** ist ein eindrucksvoller Renaissancebau, der 1585 als Teil des Rathauses der Freien Reichsstadt erbaut wurde. Typisch für den lokalen Baustil ist das hohe steile Dach mit den drei Reihen Fenstergauben. Die Fassade durchbrechen auffallend große Fenster, getrennt von ionischen und korinthischen Pilastern. Während der Französischen Revolution gestürmt, ist das Gebäude heute Sitz der Industrie- und Handelskammer des Département Bas-Rhin.

**St-Thomas ⓰

Die »Nummer zwei« der Straßburger Kirchen braucht sich hinter dem Münster nicht zu verstecken: Architektonisch weniger spektakulär als die

Das Gutenbergdenkmal auf dem gleichnamigen Platz. 1440 richtete der Meister hier die erste Druckerpresse in Straßburg ein

Et la lumière fut.

Kathedrale, hat die romanisch-gotische Kirche St-Thomas Kunstwerke zu bieten. Der wuchtige Sandsteinbau wurde seit dem 13. Jh. immer wieder erweitert und aufgestockt. Über dem Westportal, dem ältesten noch erhaltenen Teil, erhebt sich der 40 m hohe Glockenturm. Noch höher ist der achteckige Turm über der Vierung der fünfschiffigen Hallenkirche.

Auch diese Orgel gehört zur Ausstattung von St-Thomas

Im Innern wird der Blick magisch vom kolossalen **Grabmal des Marschalls Moritz von Sachsen** angezogen. Auf Wunsch des Königs Louis XV sollte dem siegreichen Feldmarschall ein Denkmal gesetzt werden. Den Auftrag bekam Jean-Baptiste Pigalle. Angesichts der enormen Dimension und der lebhaften Komposition verwundert es nicht, dass der königliche Bildhauer 23 Jahre an seinem Meisterwerk arbeitete. Die Szene ist mehr als sorgfältig komponiert: Der Generalfeldmarschall der französischen Armee steigt würdevoll zu seinem Grab hinab, während das personifizierte Frankreich verzweifelt zwischen ihm und dem Tod kniet. Letzterer hat schon den Sargdeckel geöffnet. Moritz von Sachsen fiel nicht im Krieg, er starb 1750 an einer Lungenentzündung. Ursprünglich sollte er in der königlichen Grablege in St-Denis in Paris beigesetzt werden, doch schien der »Protestant, Ausländer und Bastard« dann im fernen Straßburg besser aufgehoben! Zur Aufstellung des Grabmals wurden 1777 die farbigen Chorfenster von St-Thomas zugemauert. Einige der kostbaren Scheiben aus dem Jahr 1260 sind im Musée de l'Œuvre Notre-Dame (S. 49) zu sehen.

3

Seite 66

Silbermannorgel

Musikliebhaber werden sich für den Klang der Orgel von St-Thomas begeistern. Der berühmte Orgelbauer Andreas Silbermann, dessen Familie im 18. Jh. aus dem Erzgebirge ins Elsass eingewandert war, fertigte das prachtvolle Instrument im Jahre 1741. Kein geringerer als Wolfgang Amadeus Mozart gab darauf ein Gastspiel. »Ich habe auf der hier besten Orgel von Silbermann öffentlich gespielt«, schrieb er seinem Vater und lobte die Klangfülle und Weichheit des Tons. Alljährlich am 28. Juli, dem Todestag von Johann Sebastian Bach, findet ein Konzert statt. Diese Tradition rief Albert Schweitzer bereits 1909 ins Leben.

Die Kirche gleicht einem Mausoleum: Gräber von Heiligen und Gelehrten, Feldherren und Generälen sind im Boden und in den Wänden eingelassen. Unter den Grabplatten und Epitaphen entdeckt man den Sarkophag des Bischofs Adeloch, der die erste Thomaskirche 820 aus Holz in Auftrag gegeben haben soll. Im 7. Jh. hatte der hl. Florentius aus Schottland an dieser Stelle ein Kloster gegründet. Mehrere Großbrände vernichteten alle Relikte aus dieser frühen Zeit. Der jetzige Bau entstand zwischen dem 12. und 16. Jh.

Fachwerk und Andenkenläden wohin man schaut in La Petite France

3
Seite 66

Im Zuge der Reformation wurde St-Thomas im Jahre 1524 evangelisch. Nachdem Louis XIV das Münster den Katholiken zurückgegeben hatte, überließ er St-Thomas den Lutheranern.

Das der Kirche benachbarte Thomasstift war bis zum Umzug in den Palais Universitaire Ende des 19. Jhs. Sitz der Hochschule von Straßburg, an der auch Goethe studierte. Heute ist hier das Evangelisch-theologische Seminar untergebracht (Öffnungszeiten außerhalb von Gottesdiensten u. Ä.: Feb./März und Nov./Dez. 10–12 und 14–17, sonst bis 18 Uhr, Jan. nur nach Absprache 10–12 und 14–17, Jan./Feb. 14–17 Uhr; So vormittags geschl.).

i Die Gemeinde veröffentlicht Termine der Kirchenkonzerte unter www.saint-thomas-strasbourg.org

**La Petite France

Weshalb der Besucherandrang im ehemaligen Viertel der Gerber und Müller so groß ist, wird spätestens beim ersten Blick vom **Pont St-Martin** aus klar. Schon das Spiegelbild der bunten Fachwerkhäuser im dunklen Wasser der Ill lässt Fotoamateure ausflippen. Ohne jede Einschränkung kann diese Ecke der Stadt als malerisch bezeichnet werden. Nicht zuletzt ist dies der Verdienst jener Denkmalpfleger, die sich für die Rekonstruktion der vorwiegend im 16. und 17. Jh. erbauten Häuser eingesetzt haben. Natürlich waren die Holzbauten ständig durch Feuer bedroht. Aus diesem Grund gab man ab dem 18. Jh. mehr und mehr dem Backstein als Baumaterial den Vorzug. Typisch für das Straßburger Fachwerk sind die geschnitzten Verzierungen, die Überhänge mit Galerien und die kleinen Erker. In den offenen Dachböden trockneten die Gerber Tierhäute.

Manche Häuser sind liebevoll verziert, so das **Haus des Gerbers Hans Schenk,** 10, rue des Dentelles, mit kleinen Säulen an den Fenstern und Eierstabfriesen. Gegenüber stützen in der **Cour de Rathsamhausen** toskanische Säulen die Arkadengänge im ersten Stock, zu dem zwei Wendeltreppen hinaufführen. Im Keller des Hofs werden gelegentlich Weinproben angeboten.

Fast jeder landet irgendwann auf der ***Place Benjamin-Zix.** Touristenströme zwängen sich durch die Gassen, die so schmal sind, dass sich die Giebel der Häuser fast berühren. Auf der Ill passieren verglaste Panoramaboote die alte, knarrende Schleuse.

Die Attraktion am Platz ist die **Maison des Tanneurs ⑰**, 42, rue du Bain-aux-Plantes. Während Feinschmecker Quiche Lorraine oder Zanderfilet mit Weißweinsauce genießen (Tel. 03 88 32 79 70, ○○), knipsen die Touristen draußen Erinnerungsfotos. Schließlich ist die 1572 gebaute Gerwerstub' mit dem verwinkelten Dach und der zweistöckigen Galerie zur Flussseite hin ein ideales Motiv.

Tipp Nebenan im Eckhaus, 1, rue des Moulins, ist die Goethe-Stiftung untergebracht. Mit etwas Glück findet man gegenüber im **Café Suzel** einen Platz. Es geht gemütlich zu in

3

Seite 66

Was heißt hier Fachwerk?

Wahre Sympathieträger sind sie, die alten Häuser mit dem dekorativen Balkenmuster. Und wenn man sie so hegt und pflegt wie in der Petite France, überdauern sie glatt eine Ewigkeit. Die Fassaden entstehen durch die spezifische Technik des Holzbaus. Der Zimmermann stellte zuerst ein Skelett aus stabilen Balken auf. Auf massiven, waagerechten Bundschwellen wurden dann Pfosten oder Säulen angebracht. Ein Rahmen, der die Deckenbalken trug, schloss das jeweilige Stockwerk ab. Schräg zwischen Rahmen und Schwellenkranz verlaufende Streben verliehen dem Gerüst zusätzliche Festigkeit. Der Maurer musste nun noch das Fachwerk füllen. Die verbliebenen Öffnungen wurden mit einer Mischung aus Tierhaaren, Strohhäcksel und manchmal auch Brocken von Vogesensandstein geschlossen. Für die Fachwerkhäuser in der Petite France mussten zudem die typischen Trockengalerien, die oft zur Ill ausgerichtet waren, konstruiert werden. Unter den mit Biberschwanzziegeln gedeckten Dächern waren die Häute vor schädlichen Witterungseinflüssen sicher.

Nicht alle Galerien blieben bei den Rekonstruktionsarbeiten erhalten. Einige der ältesten und gut erhaltenen Fachwerkhäuser Straßburgs stehen im Münsterviertel, z. B. zwischen Place de la Cathédrale und Place du Marché aux Cochons de Lait. Darunter schlichte Bürgerhäuser, aber auch aufwendig verzierte Gebäude wie die Maison Kammerzell. Selbst in Dörfern wie Obernai sind die Balken der Häuser oft mit Schnitzereien verziert, besonders beliebt war natürlich die Weintraube.

Der Begriff Fachwerk stammt übrigens aus dem Mittelhochdeutschen: »vach« bedeutet so viel wie Flechtwerk oder Wandbalken. Wie jahrtausendealte Fayencebilder beweisen, kannten bereits die Minoer auf Kreta diese praktische Baumethode.

der altelsässisch eingerichteten Teestube, wo sich die Gäste mit selbst gebackenen Tartes verwöhnen lassen.

*Ponts Couverts und Barrage Vauban ⑱

Früher sollen Musiker in den Ästen der jahrhundertealten Platanen gespielt haben, die am Quai de la Bruche nahe den **Ponts Couverts** stehen. Unter dem dichten Blätterdach stellen im Sommer zwei Restaurants ihre Tische direkt am Wasser auf. Im Mittelalter wurde am Eintritt der Ill in das Stadtgebiet eine ausgeklügelte Verteidigungsanlage errichtet. Zu ihr gehörten die »Gedeckten Brücken«. Die Übergänge über die Illarme waren ursprünglich aus Holz und überdacht, um das dort gelagerte Schießpulver vor Wind und Wetter zu schützen. Im 19. Jh. wurden sie erneuert, diesmal aus Stein und ohne Dächer. Die Öffnungen für die Kanonen sind noch in den Kaimauern zu erkennen. Erhalten blieben die trutzigen Wachtürme aus dem 13. Jh. Damit noch nicht genug. Im 17. Jh. ergänzte der Militärarchitekt des Sonnenkönigs, Marschall Vauban, die Befestigung durch eine massive Sperrmauer im Fluss: Mittels Falltüren im **Barrage Vauban** konnte der Fluss abgeriegelt und Teile des Verteidigungsrings um die Stadt unter Wasser gesetzt werden. All diese technischen Raffinessen boten jedoch im Deutsch-Französischen Krieg keinen ausreichenden Schutz: Während der Kämpfe von 1870/71 durchbrachen die preußischen Truppen den Abwehrriegel (Öffnungszeiten: tgl. Mitte März–Mitte Okt. 9–20, sonst 9–19 Uhr).

Durch das Untergeschoss des Barrage Vauban erreicht man das linke Illufer, wo die staatliche Elitehochschule ENA (s. S.15) 1994 in das ehemalige Gefängnis einzog.

Logenplatz

Nicht nur am Nationalfeiertag im Juli, wenn über der Stadt unter Kanonendonner und Böllerschüssen ein riesiges Feuerwerk abbrennt, ist das **Vauban-Wehr** ein Logenplatz. Der Blick ist auch alltags lohnend: Auf den Illkanälen schwimmen Schwäne und dümpeln Schiffe, eingerahmt von den Ponts Couverts mit ihren drei Türmen. Dahinter schauen die fein herausgeputzten Fachwerkzeilen und die Kirchtürme von St-Thomas hervor. Über allem thront stolz das Münster.

**Musée d'Art Moderne et Contemporain ⑲

Nach dem Pariser Centre Pompidou besitzt Straßburg mit diesem Haus den größten Museumsneubau in Frankreich. 1998 wurde an der Terrasse Panoramique der damals 71 Mio. DM teure Komplex eröffnet, den Architekt Adrien Fainsilber in einer Mischung aus Raumstation, Kreuzfahrtschiff und moderner Kathedrale entworfen hat.

Ins Auge fällt die über 100 m lange verglaste Galerie, die ähnlich einem gotischen Kirchenschiff zwischen den Ausstellungsräumen verläuft. Gewolltes Lokalkolorit verrät auch der rötliche Farbton des verwendeten Granits, der dem des Münster ähnelt.

Das Museum bietet 5000 m² Ausstellungsfläche. Die Exponate, darunter Leihgaben aus Paris, sollen in einem »Parcours Pedagogique« einen

3
Seite 66

chronologischen Überblick über die Enwicklung der Formen und Ideen, von den Anfängen der Fotografie und dem frühen Impressionismus bis zur Gegenwart verschaffen.

Der moderne Teil beginnt um 1870, dem Jahr der Zerstörung der Stadt, mit dem monumentalen Gemälde »Christus verlässt den Gerichtssaal« des Straßburger Künstlers Gustav Doré. Auch den Plastiken von Hans Arp wurde ein eigener Saal gewidmet. Daneben sind Monet, Gauguin und Rodin vertreten. Auf der anderen Gebäudeseite findet man zeitgenössische Werke u. a. von Lüperz und Picasso.

3

Seite 66

Eine originelle Attraktion sind das graphische Kabinett und die fotografische Sammlung. Außerdem werden Sonderausstellungen im Wechsel gezeigt. Öffnungszeiten: Di–Mi und Fr bis Sa 11–19, Do 12–22, So 10–18 Uhr; www.musee-strasbourg.org

Besonders am Abend genießt man von der Panoramaterrasse des **Art Café-Restaurant** des Musée d'Art Moderne et Contemporain einen phantastischen Ausblick auf die angestrahlte Kulisse der Altstadt mit dem Münster (Tel. 03 88 21 31 31, Di–So 11–23 Uhr, ❍❍).

Über den Quai de la Petite France und eine alte Schwenkbrücke, den Pont du Faisan, gelangt man durch die Petite France zurück ins Zentrum.

*Grand'Rue ⑳

Die Grand'Rue, heute Fußgängerzone, durchquert den Stadtkern in Ost-West-Richtung. Die »Langstross« ist einer der ältesten Wege Straßburgs: Zur Römerzeit führte sie direkt ins Castrum. Inzwischen sind arabische Lokale ins mittelalterliche Fachwerk, schicke Boutiquen hinter klassizistische Fassaden und Feinkostläden unter schmiedeeiserne Balkone eingezogen. Zwischen Döner, Dessous und Trödel herrscht beinahe Basaratmosphäre. Viele Nordafrikaner betreiben hier ihre Geschäfte.

Süßschnäbel lockt bestimmt **Glup's** (Nr. 71) mit seinem Naschwerk.

Der Weg durch die Grand'Rue führt vorbei an Häusern unterschiedlicher Bauepochen: Vom Mittelalter über die Renaissance bis zum 19. Jh. spiegeln die Fassaden der Wohn- und Gewerbebauten den jeweils typischen Stil ihrer Zeit wider. Es lohnt sich, einen Blick in die Seitengassen, Passagen und

Innenhöfe zu werfen. In dem schmalen Durchgang von Nr. 49 gibt es zwei aufwändige Fachwerktreppenhäuser mit Balustraden zu entdecken.

Barock und monumental wirkt der Hof des Händlers Ferrier von 1790 (Nr. 79). Die hohen Fenster schmücken klassizistische Kunstschmiedearbeiten. Straßburger Rokoko zeigen die Häuser »Zum Bock« (Nr. 96) und »Zu den Geissen« (Nr. 98). Im Patrizierhaus Nr. 120 aus dem 16. Jh. wohnten reiche Bankiers- und Kaufmannsfamilien. Das Bürgerhaus gegenüber (Nr. 101) mit Treppengiebel und Erker stammt aus dem Jahr 1587. Bei den Hausnummern 121 und 134 kann man einen Blick auf das Münster werfen, das fotogen über den Häuserreihen zum Vorschein kommt.

Weg 3

- ⑮ Chambre de Commerce
- ⑯ St-Thomas
- ⑰ Maison des Tanneurs
- ⑱ Barrage Vauban
- ⑲ Musée d'Art Moderne et Contemporain
- ⑳ Grand'Rue

Weg 4

- ㉑ Hôtel de Ville
- ㉒ Hôtel du Gouverneur Militaire
- ㉓ Opéra du Rhin
- ㉔ Banque de France
- ㉕ St-Pierre-le-Jeune (protestant)
- ㉖ Centre Tomi Ungerer
- ㉗ Aubette

3
Seite 66

Weg 4

Bienvenue au centre ville

Place de la Cathédrale → Place Broglie → *St-Pierre-le-Jeune (protestant) → Place Kléber → Place de l'Homme de Fer → Marché Neuf

Hier pulsiert die Stadt. Die autofreie Place Kléber ist der Mittelpunkt des Geschäftszentrums. Drum herum bilden Fachwerkfassaden und moderne Einkaufskomplexe die Kulisse. Große Kaufhäuser, schicke Boutiquen und ausgefallene Läden locken zum Bummeln und Schmökern: illustrierte Bücher übers Elsass, feine Weine aus der Region, farbenfrohe Stoffe aus der Provence, antike Möbel, teure Designerkleider ... Seit dem 17./18. Jh., als der Architekturstil der Metropole und die Revolution Straßburg eroberten, nahmen Straßen und Plätze mehr und mehr französische Züge an. Könige und Kaiser, Söldner und Generäle kamen und gingen, ihre Denkmäler blieben. Die unruhigen Zeiten überstand eine Kirche: Saint-Pierre-le-Jeune ist der ruhende Pol im lebhaften centre ville. Zwischen den alten Mauern kann man abschalten, den Klängen der Silbermannorgel lauschen oder der Mystik eines Kreuzgangs nachspüren.

4

Seite 66

Hôtels nach Pariser Vorbild

Als Straßburg 1681 vor der Armee des Sonnenkönigs kapitulierte und seine Herrschaft offiziell anerkannte, verlor es seinen Status als Freie Reichsstadt. Nach und nach setzte sich im Lauf der folgenden Jahre der französische Zentralismus durch. Straßburg wurde zur Provinzhauptstadt des Elsass, gewann jedoch dank seiner grenznahen Lage vor allem an militärischer Bedeutung. Würdenträger und Adelige aus betuchten, mehr oder weniger bekannten Familien Frankreichs ließen sich hier nieder. Sie brachten ihre Kultur und Lebensart mit in die neue Ostprovinz. Abzulesen ist dies noch heute an der Architektur. Hôtels wurden nach dem damals zeitgenössischen Vorbild in der Metropole, herrschaftliche Gebäude in prächtigem Rokoko errichtet. Neben dem krummen Fachwerk in der Petite France entstand nun ein wirklich französisch geprägtes Viertel zwischen dem Münster, der Place Broglie und der Place Kléber.

An der eindrucksvollen Maison Kammerzell (S. 49) vorbei lässt man die Place de la Cathédrale hinter sich, um in der **Rue des Hallebardes** im Strom der Passanten mitzuschwimmen. Alle, die sich für elegante Designermode oder ausgesucht stilvolle Antiquitäten begeistern, kommen hier bei einem Schaufensterbummel garantiert auf ihre Kosten, z. B. bei der Damenboutique **Contraste,** Nr. 11.

Wer durch die **Rue du Dôme** schlendert, tritt ins 18. Jh. ein. Einige der herrschaftlichen Häuser, die reichen Händlern, Goldschmieden und Baumeistern gehörten, sind inzwischen restauriert worden. Die Fassaden der Häuser Nr. 17 und Nr. 18 repräsentieren das Straßburger Rokoko. Von jedem der sehr hohen Fenster blickt ein in Stein gemeißeltes Gesicht hinab, verschnörkelte Eisengeländer zieren Fensterbänke und Balkone. Das Haus Nr. 8 hat der Architekt des Bischofs, der Pariser François Pinot, 1791 für einen Domherrn gebaut.

Wasserspiegelung in der Ill

Spaziergang auf den Kais

Tipp Gleich gegenüber zieht das Schaufenster der **Pâtisserie Michel Buhler** mit köstlichem Gugelhupf, sahnigen Eclairs und bunt verzierten Marzipantorten die Blicke unwiderstehlich an (11, rue du Dôme, Tel. 03 88 32 82 91, Mo–Sa 7–12 und 14–18 Uhr). Die Konditorei hat sich vor Jahren im ehemaligen Haus des Maurermeisters Joseph Gallay eingerichtet. Gallay arbeitete unter anderem im Rohan-Palais.

Place Broglie

Die Place Broglie diente früher als Turnier- und Paradeplatz sowie als Pferdemarkt. Heute finden hier ein Wochenmarkt (s. S. 33) und im Dezember der Weihnachtsmarkt zwischen den Platanenreihen statt (s. S. 70 f.). Das Aussehen des lang gestreckten Platzes geht auf das Jahr 1740 zurück, als man ihn zu einer Promenade umgestaltete und die Bäume pflanzte.

4

Seite 66

Ansichten – Aussichten

Bei einem Spaziergang auf den Kais der Ill können Sie an einem Tag die Altstadtinsel umrunden und dabei romantische Ecken entdecken. Etwa ein Stück südöstlich der Place Broglie, am **Quai St-Etienne/Quai Lezay-Marnésia** stellen Maler ihre Staffeleien am Ufer des Kanals auf, die Zweige der Weiden hängen ins Wasser.

Vorbei an den pompösen Fassaden des »deutschen Viertels«, am Palais du Rhin und am Justizpalast stößt man auf den klotzigen Geschäftskomplex Les Halles – ein umstrittenes Denkmal moderner Stadtplanung.

Auf der **Terrasse Panoramique** über dem alten Vauban-Wehr (S. 65) zeigt Straßburg wieder einen anderen Blickwinkel. Von jeder Illbrücke aus bietet sich ein Postkartenmotiv nach dem anderen: das Fachwerk der Petite France vom **Pont St-Martin** aus, das allgegenwärtige Münster vom **Pont du Corbeau.** Ein letzter Blick fällt vom **Pont Ste-Madeleine** auf den Palais Rohan und die Illkais.

Ähnliche Bilder aus einer anderen Perspektive bieten sich, wenn Sie die gleiche Strecke, vielleicht gemütlicher, im Boot auf dem Wasser zurücklegen.

Große Palais in einer Mischung aus Stil Louis XV und Straßburger Bautraditionen flankieren ihn.

***Hôtel de Ville ㉑**

Die größeren Gebäude liegen mit ihrer Gartenseite an der Place Broglie, die Hauptfassaden öffnen sich zum Hof und grenzen an die umliegenden Straßen. So präsentiert auch das Rathaus dem Platz seine Rückfront mit nur sehr zurückhaltendem Baudekor. Robert de Cotte und Joseph Massol entwarfen das Palais 1731 für den Grafen von Hanau-Lichtenberg. Zu Beginn des 19. Jhs. verlegte die Stadt einen Teil ihrer Verwaltung hierher.

Die Prachtseite des Rathauses in der Rue Brûlée Nr. 9 erinnert an den Palais Rohan. Den repräsentativen Mittelbau flankieren zwei Pavillons, rote Fensterfassungen heben sich sehr dekorativ von den strahlend weißen Mauern ab. Frech grinsende Faungesichter schmücken die Galerie. Die Eingänge zu den luxuriös ausgestatteten Sälen für die offiziellen Empfänge liegen zum Hof hin. Diese Räume sind nur an Tagen der offenen Tür (s. Special S. 10). zu besichtigen.

4

Seite 66

Die Rathausangestellten trifft man gelegentlich gegenüber, in der beliebten und wochentags bis Mitternacht geöffneten Winstub **La Petite Mairie** (○○).

Hôtel du Gouverneur Militaire ㉒

Unspektakulär, aber doch mit Eleganz präsentiert sich neben dem Rathaus das Hôtel du Gouverneur Militaire (auch Hôtel des Deux Ponts, Zweibrücker Hof). Dieses jüngste Stadtpalais aus dem 18. Jh. ist heute Sitz des Militärgouverneurs. An der Hauptfassade in der Rue Brûlée Nr. 13 wurde nicht mit üppig schmückenden Details gespart. Herzog Maximilian von Zweibrücken erwarb das noble Hôtel 1771. Hier wurde übrigens sein Sohn, der spätere König Ludwig I. von Bayern geboren.

Opéra du Rhin ㉓

Die rötlich-gelbe stattliche Fassade der Opéra du Rhin schließt die Stirnseite des Platzes im Osten ab. Sechs

Oh Tannenbaum ...

Wer hätte das gedacht: Den Tannenbaum, Inbegriff deutscher Weihnachtsseligkeit, sollen die Elsässer erfunden haben! Und nicht nur das, schon seit Jahrhunderten veranstalten sie Weihnachtsmärkte, und der rechts vom Rhein so beliebte Glühwein wärmt auch linksrheinisch als *Vin chaud* nicht nur die Herzen.

Angefangen hat alles im Mittelalter. Damals entstand der Brauch, am Abend vor Weihnachten vor der Kirche das Schauspiel »Die Vertreibung aus dem Paradies« aufzuführen. Dabei spielten nicht nur Adam und Eva eine Rolle, sondern auch ein Baum, der mit dem verhängnisvollen Apfel natürlich. Die Rolle des Baums übernahm eine Tanne, die um diese Jahreszeit dekorativer war als kahle Obstbäume.

Die Besetzung war ein großer Erfolg, schon ab 1539 war der Verkauf von Tannen als Weihnachtsbäume in Straßburg ein Geschäft. Mit der Zeit genügten einfache Äpfel nicht mehr als Schmuck. Es kamen Rosen aus Papier und Hostien, später dann Gebäck dazu.

Musen bekrönen die Kolonnade, deren Säulen elegante Volutenkapitelle tragen. Das ursprünglich von Stadtarchitekt Villot errichtete Theater wurde von 1872 bis 1875 nach einem Brand neu aufgebaut und 1888 erweitert. An Vorstellungsabenden, wenn bis zu 1374 Musikfreunde Platz finden und das Entree hell erleuchtet ist und die Deckenbemalungen innen voll zur Geltung kommen, wirkt das Haus sehr festlich (Programme usw. s. S. 31).

Der hohe Obelisk auf der Place Broglie erinnert an Général Leclerc. Unter seinem Kommando hat eine französische Panzerdivision Straßburg im November 1944 zurückerobert und von den Deutschen befreit.

Nach einer elsässischen Legende waren im Winter 1850 kaum Äpfel vorhanden, weil es zuvor eine große Dürre gegeben hatte. Da hatten die Glasbläser aus Meisenthal eine zündende Idee: Statt Äpfeln sollten Kugeln aus Glas die Bäume schmücken.

Selbst als diese Paradiesspiele nicht mehr stattfanden, stellte man noch Bäume auf und schmückte sie mit vielen bunten Lichtern, symbolisierte der immergrüne Baum doch auch die Fortdauer des Lebens in der harten Winterzeit. Vom Elsass aus hat sich der Brauch allmählich verbreitet. Ob Singapur oder Sydney – Christbäume dürfen im Dezember in einer christlichen Familie rund um den Erdball auf keinen Fall fehlen.

Zur Adventszeit befindet sich die Stadt wie in einem Weihnachtsrausch. Der Duft von Zimt und gerösteten Mandeln zieht über die Plätze mit den Weihnachtsmärkten. An der **Place de la Cathédrale** (s. S. 42) drängen sich die Buden dicht um das Münster. In Reih und Glied stehen die Stände auf der **Place Broglie** (s. S. 69 ff.), dem größten Markt mit reichem Angebot an Christbaumschmuck, Spielsachen, Süßigkeiten, Glühwein – und natürlich Tannenbäumen.

Plätzchenmarkt
Auf der **Place Kléber** (s. S. 75 f.) veranstalten die Bäcker in einem großen Zelt einen Plätzchenmarkt mit Pain d'Epices, Schwowebredele und Beerewecke (Lebkuchen, Schwabenplätzchen und Früchtebrot). Die Auswahl ist riesig, und der Backofen sorgt nicht nur für Wärme im Zelt, sondern auch für steten Nachschub an Gebäck. Eine Tanne aus den Vogesen taucht den Platz in weihnachtliches Licht.

Fast jedes Stadtviertel hat sein eigenes Weihnachtsprogramm. Lebende Krippen mit Eseln und Schafen sind die Attraktion in kleinen Innenhöfen und Parks. Für Kinder gibt's Schokoladenrundfahrten auf der Ill. Zum elsässischen Advent gehört übrigens auch Sankt Nikolaus. Er wird seit rund 900 Jahren verehrt. Der Knecht Ruprecht ist nicht unbekannt, in Straßburg kommt der gefürchtete Geselle als Hans Trapp daher.

Termine und das ausführliche Weihnachtsprogramm sind beim Fremdenverkehrsamt (s. S. 100) zu erfahren. Fragen Sie dort nach den speziell organisierten Weihnachtsführungen.

4

Seite 66

Banque de France ㉔

Wo jetzt der massige Bau der Banque de France steht, befand sich einst das Haus von Frédéric de Dietrich, dem königlichen Kommissar in Straßburg und seit 1790 Bürgermeister der Stadt. In seinem Auftrag textete und komponierte der Hauptmann der örtlichen Garnison, Claude-Joseph Rouget de Lisle unter Rückgriffen auf ältere Melodien das »Kampflied für die Rheinarmee«. Am 15. Juli 1795 wurde die Marseillaise zur Nationalhymne erkoren. Eine moderne Figurengruppe (zwischen dem Rathaus und dem Sitz des Militärgouverneurs) erinnert an die Ursprünge des Liedes.

4

Seite 66

*St-Pierre-le-Jeune (protestant) ㉕

Die Rue de la Nuée Bleue führt zu einer sehenswerten Kirche, die den ruhenden Pol inmitten des turbulenten Viertels bildet: St-Pierre-le-Jeune (protestant). Dieses verschachtelte Durcheinander von Dächern und Türmchen, von Giebeln und Maßwerk fesselt Betrachter auf Anhieb. Das lachsrosa getünchte Gotteshaus blickt auf eine lange Baugeschichte zurück. Unter dem südlichen Seitenschiff hat man eine merowingische Gruft mit Bestattungsnischen und Grabtrögen gefunden. Im 11. Jh. wurde über den alten Grundmauern ein Chorherrenstift errichtet, das Papst Leo IX. aus dem elsässischen Grafengeschlecht Dagsburg-Eguisheim 1053 weihte. Aus dieser frühromanischen Epoche sind noch Reste wie z. B. das Untergeschoss des Turms erhalten.

In den folgenden Jahrhunderten wurde an der Kirche weitergebaut. 1220–1230 begann man mit der Errichtung einer vierschiffigen Pfeilerbasilika, noch im selben Jahrhundert kam der Chor hinzu. Dann wurde die Südseite zur Hauptfront umgestaltet. Leider gingen die Originale ihres Hauptportals verloren. Die Statuen im Gewände sind nur vage den alten nachempfunden. Wer genauer hinsieht, kann feststellen, dass etliche Skulpturen des Münsters, Ecclesia und Synagoge etwa, bei der Restaurierung im 19. Jh. Vorbild waren.

Im Laufe der Zeit wurden fünf zusätzliche Kapellen angefügt. Die erste davon war die **Johanneskapelle** von Wilhelm von Marburg um 1360, ihr folgten die **Zornkapelle,** die u. a. das Grab des Ritters Andreas Zorn birgt, und die **Nikolauskapelle.** Die **Dreifaltigkeitskapelle** entstand unter der Leitung von Hans Hammer, der zuvor am Münster gearbeitet hatte. Erst bei der umfassenden Restaurierung des ganzen Baus im 19. Jh. wurde die **Engelskapelle** geschaffen. Die gotischen Wandmalereien aus dem 13./14. Jh. wurden damals so stark verändert, dass die originalen Teile kaum noch auszumachen sind. Eine Ausnah-

Die Marseillaise

Schon die Generalprobe im Freundeskreis in der Nacht vom 24. zum 25. April 1792 an der Place Broglie begeisterte. Zum großen Einsatz kam das Kampflied am 30. Juli 1792, als ein Freiwilligenbataillon aus Marseille aus voller Kehle singend in Paris einmarschierte – daher der Name »Marseillaise«. Tragik der Geschichte: Die Schöpfer des Revolutionslieds mussten unter den Klängen ihres Werks auf die Guillotine steigen, wo sie ihren Einsatz für das Leben Louis XVI mit ihrem eigenen bezahlten.

Kreuzgang der Kirche St-Pierre-le-Jeune auf der Illinsel

me bildet der »Zug der Nationen zum Kreuz«: Könige mit goldenen Kronen reiten auf Pferden mit lockigen Mähnen. Die naiv anmutende Szene ist in harmonischen Grün- und Blautönen gemalt. Auf dem Fresko ist ein Sturm auf dem See Genezareth dargestellt.

Kreuzgang als Oase

Eindrucksvoll ist die Besichtigung des Kreuzgangs von St-Pierre-le-Jeune (protestant), einer Oase der Beschaulichkeit mitten im Stadtzentrum. Drei der vier Seiten stammen zumindest in Teilen noch aus dem 11. Jh., womit dies einer der ältesten Kreuzgänge nördlich der Alpen ist. Die Kapitelle der Säulen sind auffallend schlicht gehalten, nur eines zieren vier Köpfe. Im Lauf der Jahrhunderte sind die Profile der Gesichter verwittert. Die vierte, gotische Seite schmückt einfaches Maßwerk. Grabmäler und Inschriften vom 14. bis 18. Jh. sind im ganzen Kreuzgang zu finden. Farne und Stockrosen wachsen üppig im Innenhof.

Altargemälde in der Kirche St-Pierre-le-Jeune

4
Seite 66

Zu den Prunkstücken der protestantischen Jung-St-Peter-Kirche zählt der spätgotische **Lettner.** Fünf zierliche Bögen tragen ein rot, blau und goldfarben gefasstes Gewölbe.

An die Außenwand hat der Künstler Hans Jakob Engelhardt 1620 die vier Evangelisten gemalt, jeden mit seinem Symbol.

Tipp Eine **Silbermannorgel** aus dem Jahr 1707 thront über der Galerie aus fein geschwungenem Maßwerk. Im 20. Jh. ist sie mehrfach vergrößert und erneuert worden. Zu einem besonderen Erlebnis wird hier ein Konzert. Das Instrument gilt als eines der klangmächtigsten seiner Art im Elsass. Die Konzerttermine sind am Eingang angeschlagen.

Während der Reformationszeit war St-Pierre übrigens protestantisch geworden. Erst Louis XIV gab die Kirche den Katholiken zurück, wenn auch nur teilweise. Ab 1681 nutzten die Katholiken den Chor, den Protestanten verblieb

das Schiff. Der Lettner, der bisher die Chorherren von der Gemeinde getrennt hatte, und eine Mauer hielten die beiden Konfessionen lange auf Distanz. Die Peterskirche – St-Pierre-le-Jeune (catholique) – in der Neustadt (S. 79) bezogen die Katholiken schließlich 1893. (St-Pierre-le-Jeune protestant: 9.30–11.30 und 13–18 Uhr, Mo geschl.).

Centre Tomi Ungerer ㉖

Ungerer hat der Stadt seine wertvolle Sammlung mechanischer Spielzeuge geschenkt. Ein Teil ist im Musée des Arts Décoratifs (s. S. 56) zu sehen. In den nächsten Jahren soll die gesamte Ausstellung in ein »Museum Tomi Ungerer« umziehen.

7000 Originalzeichnungen, Fotografien und einiges mehr stellte der Künstler dem Centre de Documentation Tomi Ungerer zur Verfügung. Angeschlossen ist eine umfangreiche Bibliothek sowie eine Videothek. Wer mehr über den Weltbürger Tomi Ungerer wissen will, findet dort alle wichtigen Fakten. Um sicher zu gehen, dass auch ein Plätzchen zur Betrachtung der Blätter und Bücher frei ist, sollten Sie vor Ihrem Besuch in dem kleinen Museum anrufen (Tel. 03 88 32 31 54, Fax 03 88 52 50 09; Do 10–12 und 14 bis 18 Uhr nach Vereinbarung).

Place Kléber

Wer die Gassen bis zur Place Kléber hinuntergeht, wird über die Dimension des größten Platzes der Stadt erstaunt sein. Neben breiten, geraden Straßenzügen bevorzugte man in der ersten Hälfte des 18. Jhs. solche regelmäßigen Plätze. Die Bürger- und Geschäftshäuser rundum folgen ebenfalls dem Vorbild der Pariser Architektur. Die älteren, handtuchschmalen Fassaden und das geschnitzte Fachwerk wirken dazwischen wie eingeklemmt. Ein Hauch von Großstadt liegt in der Luft.

Derzeit wird die Place Kléber einer regelrechten Verjüngungskur unterzogen: Grünanlagen entstehen und nach Abschluss der Maßnahmen (voraussichtlich im Frühjahr 2004) wird auch ein kleiner Wasserlauf das Bild beleben. Der Wochenmarkt ist einstweilen auf die Place Broglie (siehe S. 69 ff.) umgezogen.

Schon vor einigen Jahren setzten die Stadtplaner überdimensionierte Straßenlaternen mit eigenwillig-modernem Design vor die historische Bausubstanz. Der feuerroten, streng klassizistischen Sandsteinfassade der ehemaligen Hauptwache, die sich an der nördlichen Längsseite des Platzes erstreckt, können diese Lampen nicht die Wirkung nehmen. Die **Aubette** ㉗ wurde in den Jahren 1766/67 nach den Plänen von Jacques-François Blondel errichtet. Der königliche Baumeister und bedeutende Architekturtheoretiker hatte für Straßburg einen ganzen Bebauungsplan entworfen, dessen Realisierung das Bild der Stadt total verändert hätte. Doch die Aubette blieb das einzige davon ausgeführte Gebäude. Nach einem Brand 1870 wurde es gründlich renoviert und diente anschließend als Konservatorium, woran die Medaillons deutscher Komponisten an der Front erinnern.

Tipp Heute wird die Aubette für Ausstellungen und Festivals genutzt (Termine sind bei Office de Tourisme, S. 100, zu erfragen).

Die klangvolle Silbermannorgel der protestantischen Kirche St-Pierre-le-Jeune

4
Seite 66

Einsam ragt auf der Platzmitte die Statue von Jean-Baptiste Kléber empor. Der 1753 in Straßburg geborene General begleitete Napoleon Bonaparte auf dessen abenteuerlichen Ägyptenfeldzug. 1800 wurde er in Kairo erdolcht. Die Straßburger benannten den Hauptplatz der Stadt nach »ihrem« General, dessen Grab sich unter dem Denkmal befindet.

4

Seite 66

Place de l'Homme de Fer

Gleich nordwestlich der Place Kléber liegt die Place de l'Homme de Fer. Am ersten Stockwerk des Hauses Nr. 2 prangt der namengebende »Eiserne Mann«, eine Figur in einer mittelalterlichen Ritterrüstung. Sie war um 1750 das Firmenschild des dort ansässigen Waffenhändlers. Mehr einer Weltraumstation als einer Straßenbahnhaltestelle ähnelt die hypermoderne Konstruktion aus Stahl und Plexiglas, die den Platz überspannt.

Kommt dann die futuristisch gestylte Straßenbahn angefahren, scheint die Idee einer autofreien Stadt mit einem umweltfreundlichen öffentlichen Nahverkehrssystem gar nicht mehr so utopisch.

Tipp Wer sich einen guten Überblick über das Stadtzentrum verschaffen will, steigt hinauf auf die Terrasse des Kaufhauses **Printemps** an der Place de l'Homme de Fer (Ecke Rue de la Haute Montée/Rue du Noyer).

Nur eine Trambahnstation (Linien A und D) nördlich der Place de l'Homme de Fer versammelt das moderne Shoppingparadies **Place des Halles** 130 Einzelhandelsgeschäfte, darunter viele Modeboutiquen. In 10 Restaurants kann man sich stärken (www.placedeshalles.com, Mo–Fr 9 bis 20, Sa 9–19 Uhr).

Einkaufsmeilen

In der **Rue des Francs-Bourgeois** und der **Rue des Grandes Arcades,** die von der Place Homme de l'Fer bzw. der Place Kléber nach Süden führen, und in ihren Seitenstraßen ballen sich Kaufhäuser, Boutiquen, Buchhandlungen, Kinos und Eiscafés. Im Rahmen der Bauarbeiten für die Straßenbahn wurde vieles neu- und umgestaltet. Der modernere Teil der Innenstadt unterscheidet sich auf den ersten Blick kaum mehr von dem anderer Städte. Beim Schaufensterbummel in der Rue des Grandes Arcades entdeckt man noch einige der früher typischen Laubengänge, die vor Wind und Wetter schützen.

Geruhsamer als in den Haupteinkaufsstraßen geht es in dem charmanten Viertel rund um die **Place du Temple Neuf** und den **Marché Neuf** zu. Die gleichnamige neuromanische Kirche wurde 1876 errichtet, nachdem der gotische Vorgängerbau im Krieg 1870 abgebrannt war.

Nur wenige Schritte sind es von der Rue des Grands Arcades in die Rue de l'Outre zum bekannten Nobelrestaurant **Au Crocodile** (S. 27).

Weg 5

Aus Kaisers Zeiten

Place Broglie → *Place de la République → *Palais du Rhin → *Palais Universitaire

Straßburg deutsch – Strasbourg französisch: An der Place de la République prallen die beiden Welten aufeinander. Eben bummelt man noch an Mansardenhäusern à la française vorbei, schon stehen Spaziergänger verwundert vor deutschem Neobarock. Nachdem die Stadt vom Nachbarn erobert worden war, erhielten Architekten des Wilhelminischen Reichs den Auftrag, dieses neue Viertel mit Wohnungen wie auch Amtssitzen für Beamte, Professoren und Offiziere zu erstellen. Kolossal ist, was diese Ära hinterließ. Eine Kette von Medaillons mit deutschen Städtewappen schmückt den überladenen Kaiserpalast. Am Eingang des ehemaligen Ministeriums für das Reichsland Elsass-Lothringen wachen zwei majestätische Löwen.

Der ganze Stadtteil wurde nach dem neuesten Stand der damaligen Technik gebaut. So weisen noch heute Emailleschilder darauf hin, dass es Gas auf allen Etagen gibt. Prunk und Protz geben den Straßenzügen und Plätzen eine eigenwillige Note.

Stadtplanung im Wechsel der Macht

Im 19. Jh. war systematische Stadtplanung gefordert. Die Verantwortlichen wurden mit neuen Problemstellungen konfrontiert. Bei diesem Großprojekt waren die Anforderungen eines verstärkten Verkehrsaufkommens mit den Wünschen des zukünftigen Verwaltungsapparates zu koordinieren.

Außer den gesellschaftlichen Umwälzungen im Gefolge der Industrialisierung hatte Straßburg noch eine weitere Veränderung zu bewältigen: Nach rund 200 Jahren musste die Stadt wieder ihre Staatsangehörigkeit wechseln, wozu sie in der Folgezeit noch drei weitere Male gezwungen war. 1870 hatte das von Bismarck brüskierte Frankreich Preußen den Krieg erklärt. Nach schweren militärischen Niederlagen musste Frankreich kapitulieren und im Mai 1871 das Elsass und Teile Lothringens an das deutsche Kaiserreich abtreten.

Straßburg war schon 1870 nach einer 50-tägigen Belagerung von preußischen Truppen eingenommen worden. Das dem Kaiser unterstellte Reichsland Elsass-Lothringen erhielt erst 1911 eine Verfassung, die es den anderen Bundesländern in etwa gleichstellte. Dafür mussten die »frisch gebackenen Deutschen« nun gründlich germanisiert werden, was sich natürlich auch auf die Planung der Neustadt auswirkte. Die Hauptstadt des Reichslandes benötigte repräsentative öffentliche Gebäude, die sowohl die neu geschaffenen Behörden beherbergen, als auch jenseits des Rheins die Überlegenheit deutscher Kultur bezeugen sollten.

1880 wurden die Pläne für die Bewältigung dieser Aufgabe genehmigt. Sie gehen im Wesentlichen auf den Berliner Architekten August Orth und den Straßburger Haussmann-Schüler Jean Geoffroy Conrath zurück. An französischen Elementen kamen die beiden selbst mit dem Auftrag, etwas ausdrücklich Deutsches zu schaffen, nicht vorbei: Einzelne Aspekte der Gesamtplanung lassen ganz unweiger-

5

Seite 84

Aqueduc de Janus, entworfen von Tomi Ungerer

lich an die Haussmannsche Umgestaltung von Paris denken.

Die Neustadt wurde jahrzentelang von den Straßburgern abgelehnt. Sie war ihnen zu pompös; sie wurde als Fremdkörper empfunden. Erst im 20. Jh. hat sich diese Einstellung geändert. Jetzt gilt das Interesse mehr dem kunsthistorischen Aspekt dieser wilhelminischen Stadtplanung. Und aus diesem Blick ist man bereit, den Prachtbauten einige Pluspunkte zuzuweisen.

5

Seite 84

Das Zentrum des neuen Stadtteils, der noch immer als »Ville allemande« bezeichnet wird, bildet die Place de la République (s. rechts) nordöstlich der Illinsel. Im Gegensatz zu anderen Städten blieben in Straßburg die angrenzenden historischen Viertel von der Neugestaltung des 19. Jhs. im Wesentlichen ausgenommen.

Ins »deutsche Viertel«

Nahe der Place Broglie plätschert zwischen Stadttheater und Quai Schoepflin das **Aqueduc de Janus** ㉘. Als deutliche Anspielung auf die historische Vergangenheit der Stadt wachsen wie beim römischen Vorbild Mauerbögen aus dem Wasserbecken des Janusbrunnens. Sanfte Wellen umspielen den Bronzekopf des antiken Gottes, der mit der Gabe ausgestattet war, sowohl in die Zukunft als auch in die Vergangenheit blicken zu können. Tomi Ungerer (s. S. 24) hat den Janusbrunnen, von ihm »Geburt der Zivilisation« benannt, 1988 anlässlich der 2000-Jahr-Feier der Stadt entworfen. Der Straßburger Bildhauer Denis Roth hat den Kopf aus 400 kg Bronze gegossen, mehr als 3500 handgefertigte Ziegel wurden für das Aquädukt vermauert. Die Doppelgesichtigkeit der Figur symbolisiert die deutsch-französischen Wurzeln der elsässischen Kultur.

Tipp Das Postamt in der Rue de la Fonderie ist der Treffpunkt der Philatelisten. Neben Neuerscheinungen mit den dazugehörigen Dokumenten und Stempeln sind hier Raritäten wie Briefmarken von den französischen Überseeinseln oder die Europarat-Marken erhältlich.

In Verlängerung der Rue de la Fonderie führt die gleichnamige Steinbrücke über den Fossé du Faux Rempart und damit ins »deutsche Viertel«. Sie gilt als der einzige Bau dieser Zeit, der komplett und unverändert erhalten blieb. Wegen der etwas zu klein geratenen Löwen, die die Brücke brav bewachen, wird sie etwas spöttisch auch als «Pudelbrücke« bezeichnet.

Palais de Justice ㉙

Eng an das Vorbild der Antike hielt sich Sigurd Neckelmann 1895 mit seinem Entwurf für den Justizpalast. Der neohellenistische Bau aus grauem Sandstein besitzt einen Portikus mit einem dreieckigen Giebelfeld. Justitia, die römische Göttin des Rechts, verdeutlicht mit Waage und Schwert die

Funktion des Gebäudes. Der grüne Kupferaufbau mit den Sternornamenten bildet einen auffälligen Farbtupfer.

Tipp Das **CIARUS,** 7, rue Finkmatt, nahe dem Palais de Justice, ist ein beliebtes Schüler- und Jugendzentrum. Es bietet preisgünstige Übernachtungsmöglichkeiten (16–38 € pro Person), interessante Kursprogramme zu Europathemen oder Diskoabende (Tel. 03 88 15 27 88, www.ciarus.com).

St-Pierre-le-Jeune (catholique) ㉚

Verschiedene Baustile mischen sich bei dieser katholischen Kirche, nicht zu verwechseln mit der gleichnamigen protestantischen Kirche (S. 72), die sich beide Konfessionen seit der Annexion des Elsass durch Louis XIV geteilt hatten. Mit Fertigstellung des Neubaus im deutschen Viertel stand den Katholiken wieder ein eigenes Gotteshaus zur Verfügung.

Die mächtige, hellgrüne Kuppel der Kirche ist eine Anspielung auf den Petersdom in Rom. Die viereckigen Türme mit neoromanischen Rundbogenfenstern und Galerien tragen Pyramidendächer, eine schlichte Rosette verleiht der Portalseite Leichtigkeit.

Quai Jacques-Sturm

Kastanien säumen den Quai entlang dem Fossé du Faux Rempart, der die Altstadt Straßburgs im Westen und Norden umschließt. In den stattlichen Häusern befanden sich im 19. Jh. wahre Luxuswohnungen. So gab es beispielsweise Gasanschlüsse auf jeder Etage – ein für die damalige Zeit ungewöhnlicher Komfort, wovon noch heute stolze Emailleschilder zeugen.

Place de la République: Mutter Elsass mit ihren toten Söhnen

*Place de la République

Der einstige »Kaiserplatz« bildete das Kernstück der wilhelminischen Stadtplanung. Hier standen einst die kaiserliche Residenz und die offiziellen Verwaltungsbauten des Reichslandes. Gleichzeitig sollte der Platz die Verbindung zwischen der Altstadt auf der Illinsel und der sich nördlich und westlich daran anschließenden Neustadt herstellen.

Von hier aus genießt man eine phantastische Aussicht auf das Münster. Inmitten üppiger Blumenpracht mahnt ein ausdrucksstarkes Denkmal zum Frieden: Schmerzerfüllt hält eine Mutter ihre beiden toten Söhne in den Armen. Einer fiel für Frankreich, einer für Deutschland, erst im Sterben reichen sie sich die Hände. Der Rodin-Schüler Léon Drivier schuf das monumentale Werk 1936 zum Gedenken an die Gefallenen des Ersten Weltkriegs.

Das ***Palais du Rhin** ㉛ wurde als Residenz für Wilhelm II. errichtet. Der Kaiser bezeichnete den wuchtigen Palast dann wenig charmant als »Elefan-

5
Seite 84

Der pompöse Palais du Rhin an der Place de la République

5

Seite 84

tenhaus«. Hermann Eggert hat zwischen 1883 und 1888 die Residenz unter Rückgriff auf Florentiner Renaissance- und Berliner Barockbauten gestaltet. Der Reichsadler und der Berliner Bär an der Frontseite unterstreichen Deutschlands Glanz und Gloria. Muskelbepackte Atlanten tragen die erste Etage des Mittelrisalits, in dessen Giebelfeld es sich der antike Held Herakles neben der Krone bequem macht. Über der überdimensionierten Mittelpartie thront eine rote Ziegelkuppel. Das Entree beeindruckt mit einer hohen Kassettendecke und roten Marmorsäulen. Eine Neuerung in Straßburg bildete damals übrigens der eiserne Dachstuhl des Gebäudes, der den alten hölzernen vor allem im Hinblick auf die Brandgefahr überlegen war.

Nach 1919 zog die erste »Euro-Behörde« der Stadt ein: die 1815 von den Rhein-Anrainerstaaten gegründete Kommission für die Rheinschifffahrt. Heute nutzt außerdem die Kulturdirektion der Region Elsass das Gebäude.

Eine neue Bestimmung hat auch das benachbarte ehemalige Ministerium für das Reichsland erhalten: Hinter den schmiedeeisernen Toren befindet sich nun das Schatzamt des Département, die **Trésorerie Générale** ㉜. Ein schiefergedecktes Mansardendach schließt den Bau ab, der sich im Stil ganz am Berliner Schloss von Andreas Schlüter orientiert. Sein Schöpfer, Architekturprofessor Ludwig Levy, zeichnet auch für den zweiten Ministeriumsbau an dem Platz verantwortlich. In das Gebäude aus hellem Sandstein zog die **Préfecture** ㉝ ein.

Den östlichen Abschluss des Platzes bilden die **Bibliothèque Nationale et Universitaire** ㉞ sowie das Stadt- und Nationaltheater. Der Bibliotheksneubau war durch die völlige Zerstörung des alten Gebäudes im Deutsch-Französischen Krieg notwendig geworden. Säulen und Pfeiler lockern die Fassade auf. Über den Fenstern grüßt die Crème deutscher Dichtkunst: Gottfried von Straßburg, Schiller, Goethe, Lessing ... Die Bibliothek zählt mit mehr als drei Millionen Büchern inzwischen zu den größten des Landes.

Nebenan schauen zwei üppige Frauengestalten von der Dachkante herab: Elsass und Lothringen schmücken den ehemaligen Landtag des Reichslandes. Der Bau wurde 1888 von August Hartel und Sigurd Neckelmann entworfen und ist heute Sitz des **Théâtre national** ㉟ und des Konservatoriums. Der Dichter André Malraux machte das Dramatische Zentrum 1968 zum Nationaltheater, dessen Aufführungen oft hochkarätig besetzt sind (Näheres s. S. 31). Es besitzt die École Superieure d'Art Dramatique, die Schauspieler, Bühnenbildner und Regisseure ausbildet und weit über die Grenzen des Elsass hinaus einen guten Ruf genießt.

Parc du Contades

Die breite Avenue de la Paix bildet eine gerade Achse bis zur Place de Bordeaux. Die Straße ist übrigens genau auf den Nordturm des Münsters ausgerichtet und führt zum Parc du Contades. Unter seinen alten Bäumen stehen einladende Bänke, Spazierwege führen durch die grüne Oase, zu der auch ein Kinderspielplatz gehört. Im 18. Jh. wurde das Gelände für Schießübungen genutzt. Am Rande des Parks steht die moderne **Synagoge** aus den 1950er Jahren. Ihr Bau war notwendig geworden, da während der Besatzungszeit im Zweiten Weltkrieg Nationalsozialisten den alten Sakralbau am Quai Kléber angezündet hatten. Die jahrhundertealte, gewaltsam unterbrochene jüdische Tradition besteht inzwischen wieder weiter: In Straßburg lebt eine der größten jüdischen Gemeinden Frankreichs.

1955 wurde die Synagoge am Parc du Contades erbaut

Avenue de la Liberté

Aufwändig gebaute Häuser säumen die Avenue de la Liberté, die in gerader Achse das Regierungsviertel mit der Universität verbindet. In dem neugotischen Prachtbau aus dem späten 19. Jh. residiert die Post. Grauer und roter Sandstein prägen die Fassaden entlang der Straße, dazwischen stehen orangefarbene Klinkerbauten. Reich ornamentierte Erker und Balkone bestimmen das Bild. Am Neobarock des Gebäudes Nr. 11–13 fasziniert die Fülle der Details. Die Konsolen sind überreich mit Voluten, steinernen Blumen und Gesichtern verziert. Der Bau war Sitz der Regionaldirektion der Zölle und wird noch heute von einer elsässischen Regionalbehörde genutzt. Die Villa im italienischen Stil (Nr. 15) wirkt daneben geradezu schlicht. Balustraden und Gesimse gliedern ihre Wand. Haus Nr. 17 hat sich ein reicher Kaufmann in üppigem Rokoko bauen lassen.

Der Bauherr von Nr. 21 bevorzugte den gotischen Stil für seine nicht eben bescheidene Residenz. Da musste die Aachener und Münchner Feuerversicherungsgesellschaft natürlich mitziehen: Für ihre Büros war der Firma der ausladende Barockbau (Nr. 6) mehr als recht und sicher nicht billig.

St-Paul ㊱

Linker Hand weitet sich das Blickfeld, und es ragen zwei spitze Türme auf. Die Kirche St Paul nimmt die Landzunge am Zusammenfluss von Ill und Aar ein. Die Wechselwirkung zwischen der Architektur und ihrer Umgebung hat Louis Muller 1889 genau kalkuliert. Nähert man sich der Kirche mit einem der Ausflugsboote, kommt die gelungene Plazierung des Baus besonders gut zur Geltung. St Paul folgt dem Vor-

5
Seite 84

bild der Kirche St. Elisabeth in Marburg an der Lahn und wurde als evangelische Garnisonskirche geplant.

Die zahlreichen Zugänge zum Kirchenraum sollten es den vielen Soldaten ermöglichen, den Raum bei ihrem Gottesdienstbesuch rasch zu betreten. Im Innern ist noch immer die Empore für den Kaiser und die Generäle zu sehen. Die Fenster sind ein Werk von Roger Schutz aus Taizé. Über dem Hauptportal bilden elf Fenster eine große Rosette. Vom **Pont d'Auvergne,** der Eisenbrücke mit dem kunstvollen Geländer, bietet sich ein guter Blick auf St-Paul.

*Palais Universitaire ㊲

5
Seite 84

Gegenüber St-Paul liegt die **Place de l'Université.** In einer kleinen Grünanlage hat Johann Wolfgang von Goethe seinen Standplatz gefunden: Von einem Podest blickt er stolz in die Ferne. Der Bildhauer Ernest Waegener hat das Denkmal 1904 zum 150. Geburtstag des Dichters geschaffen.

Unter den Professoren der Straßburger Universität ragen Louis Pasteur sowie Johann Daniel Schöpflin hervor. Der international anerkannte Geschichtsprofessor arbeitete u. a. auch über das Elsass und wurde dank seiner Erfolge 1740 Historiograph des Königs. Nach Louis Pasteur, der 1885 ein Impfserum gegen die Tollwut entwickelte, ist eine der drei unabhängigen Hochschulen von Straßburg benannt. An der **Université Louis Pasteur** werden Medizin, Natur- und Wirtschaftswissenschaften gelehrt.

Das **Palais Universitaire** baute der Architekt Otto Warth 1879–1884. Hohe Bogenreihen und ionische Halbsäulen gliedern die zweistöckige Fassade. Die Statuen mehrheitlich deutscher Gelehrter und Wissenschaftler weisen darauf hin, dass dies eine deutsche Hochschule war. Noch heute bildet das Palais einen Zugang zum alten Universitätsgelände. Am Ende der monumentalen Straßenachse steht, als Pendant zur Universität, das Palais du Rhin. Das Innere des Kollegiengebäudes gibt sich überraschend luxuriös: Goldene Fresken schmücken den großen überdachten Innenhof mit doppelstöckiger Säulengalerie. Palmen stehen auf dem kühlen Marmorboden. Berliner Architekten planten das mehrstöckige Gebäude ursprünglich als Sitz einer Versicherung names »Germania«. 1918 erhielt das Haus den Namen »Gallia«.

Berühmte Studenten

Goethe ist nicht der einzige Studenten aus Straßburg, der Berühmtheit erlangte: Auch Napoleon Bonaparte und Fürst Metternich haben an der renommierten Universität ihre Vorlesungen gehört.

Auf dem Universitätsgelände

Auf dem Universitätsgelände, das sich östlich des Palais erstreckt, wartet Straßburg mit einigen Alternativen zum Spaziergang für einen Schlechtwettertag auf.

Am nächsten liegt das **Musée de Mineralogie,** das aus der Sammlung Professor Hermanns vom Ende des 18. Jh. hervorging, stellt eine der größten Gesteinssammlungen Frankreichs aus, darunter 450 Meteoriten. (1, rue

Das Palais Universitaire ist einer der Zugänge zum alten Universitätsgebäude

Blessig, Tel. 03 88 35 86 37, Führungen nach Voranmeldung).

Etwas weniger wissenschaftlich ausgerichtet und bekannter ist das benachbarte **Musée Zoologique.** Es besitzt eine interessante Sammlung präparierter Tiere, darunter Fische, Reptilien und Insekten. Gezeigt werden neben wechselnden Ausstellungen auch Tiere, die sehr selten oder bereits ausgestorben sind. Plastische Schaubilder stellen Landschaften wie den Polarkreis oder das Nilufer mit den dort heimischen Tieren vor (29, bd. de la Victoire; www.strasbourg.com/museezoo; Mo–So 10–12 und 13.30–18 Uhr; Buslinien 3, 7 und 30 zur Haltestelle Musée Zoologique).

Etwas östlicher versammelt das **Musée de Sismologie et Magnétisme terrestre** in einer einstigen Erdbebenwarte alte wissensschaftliche Apparate zur Messung von Erdbeben und des Erdmagnetismus (7–9, rue de l'Université; http://eost.u-strasbg.fr/musee/Accueil.html; Mi und Sa 14–18 Uhr).

5

Seite 84

Von diesem Museum aus gelangt man direkt in den **Jardin Botanique,** der 1880 zu Studienzwecken an der Rückseite des Universitätsgeländes angelegt wurde. Auf 3,5 ha Fläche gedeihen 6000 verschiedene Pflanzen, exotische Flora wuchert in Gewächshäusern, im kleinen Teich tummeln sich Frösche. Die beschauliche grüne Oase steht seit 1991 unter Denkmalschutz.

Tipp Kostenlose Führungen durch den Botanischen Garten finden jeweils sonntags um 15 Uhr statt (Tel. 03 90 24 18 65).

Unübersehbar ragt am Nordrand des Geländes die Kuppel des 1880 errichteten **Planetariums** auf. Hier scheinen Sonne, Mond und Sterne zum Greifen nah, ferne Galaxien und durchs All schweifende Kometen sowie Sternbilder sind zu entdecken. Mehrmals täglich kann man Vorstellungen miterleben und in der Crypte aux étoiles das Weltall interaktiv erkunden. Zudem gibt es Vorträge und Filme. (4, rue de l'Observatoire, Tel. 03 90 24 24 50; Mo–Fr 9–12 und 14–17 Uhr, So 14 bis 18 Uhr; http://astro.u-strasbg.fr/Obs/PLANETARIUM; Buslinie 8 zur Haltestelle Universités).

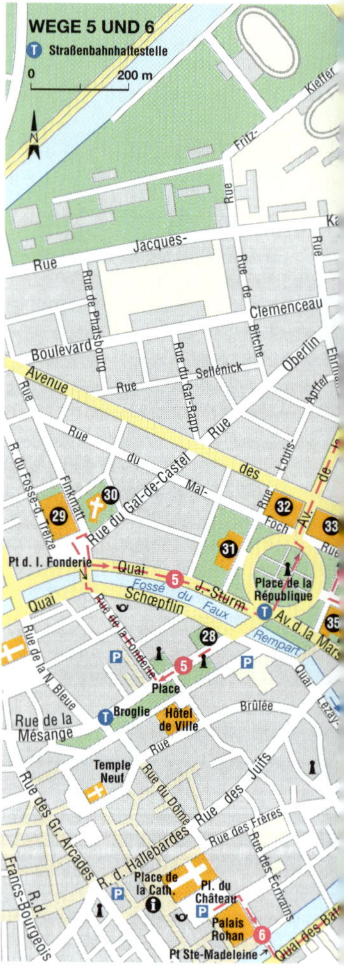

Weg 5

- ㉘ L'Aqueduc de Janus
- ㉙ Palais de Justice
- ㉚ St-Pierre-le-Jeune (catholique)
- ㉛ Palais du Rhin
- ㉜ Trésorerie Générale
- ㉝ Préfecture
- ㉞ Bibliothèque Nationale
- ㉟ Théâtre national
- ㊱ St-Paul
- ㊲ Palais Universitaire

Weg 6

- ㊳ St-Guillaume
- ㊴ Palais de l'Europe
- ㊵ Palais des Droits de l'Homme

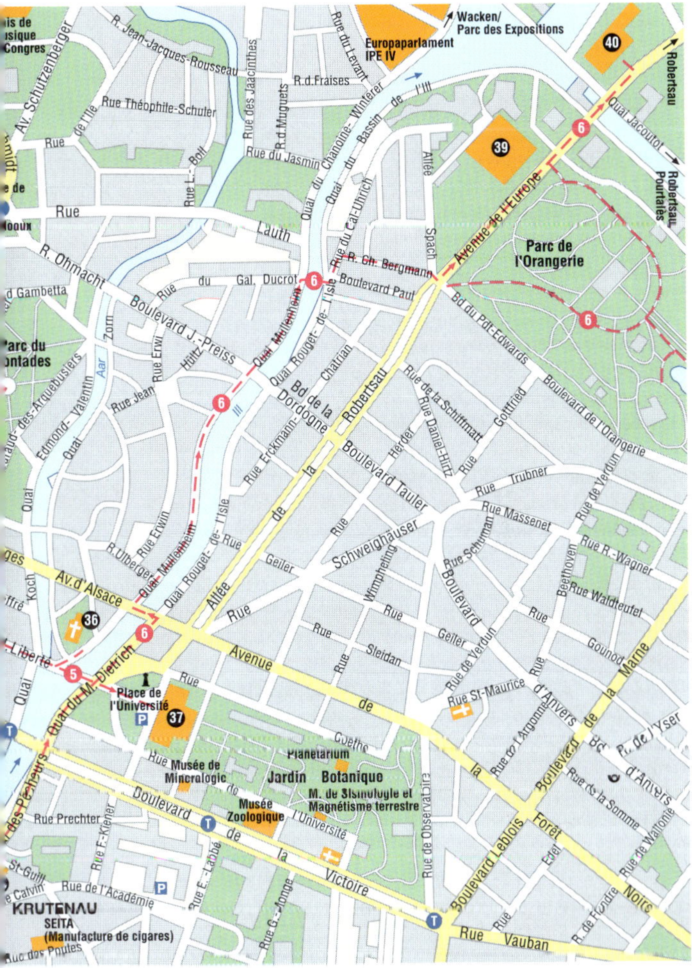

5
Seite 84

Weg 6

Tour de l'Europe

Pont Ste-Madeleine → St-Guillaume → *Palais de l'Europe → *Parc de l'Orangerie

Europäer sind in der Stadt! Sie treffen sich regelmäßig am Ufer der Ill, wo sie sich moderne Paläste und klotzige Bürohäuser gebaut haben. Wenn das EU-Parlament tagt, sieht man sie überall zwischen Palais de l'Europe und Orangerie: Eurokraten, die mit Akten und Laptops von Sitzung zu Sitzung eilen, Presseleute, die per Handy die neuesten Nachrichten an ihre Heimatredaktionen weitergeben, während Dolmetscher mit Walkman-Kopfhörer im Ohr die Europameile der Ill entlangjoggen. Zuschauer können einen Blick in die Plenarsäle des Europarats und des Europäischen Parlaments oder in den Europäischen Gerichtshof für Menschenrechte werfen, der zumindest durch seine postmoderne Architektur der Zeit weit voraus ist. Europamüde finden gleich nebenan im Park der Orangerie ein ruhiges Rastplätzchen im Grünen.

6

Seite 84

Tipp Dieser Weg lässt sich auch mit dem **Fahrrad** zurücklegen: Vom Stadtzentrum geht es entlang der Ill. Bis zu den Europabauten dauert es eine halbe Stunde. Ein Großteil der Strecke ist als Radweg gekennzeichnet. Fahrräder oder kleine Elektroautos werden u. a. an der Place du Château (s. Special S. 11) vermietet.

i Die **Buslinie 6** (Richtung Robertsau/Cité de l'Ill) fährt ab Place de l'Homme de Fer oder Place Broglie bis Orangerie und Palais de l'Europe; »Gallia« heißt die Haltestelle für St-Guillaume. In den kommenden Jahren soll auch das Stadtgebiet Robertsau ans Straßenbahnnetz angebunden werden.

Ausgangspunkt der Tour ist der hübsche **Pont Ste-Madeleine** (s. auch S. 56) beim Palais Rohan. Von der kleinen Brücke ist die Aussicht auf das schattige Illufer mit Parkbänken und alten Bäumen sehr reizvoll. Hier legen die Panoramaboote für die Illrundfahrten ab. Der **Quai des Bâteliers** ist Tag und Nacht belebt und gesäumt von uralten Fachwerkhäusern mit winzigen Läden, in denen man alles bekommt, was der Mensch so braucht oder gerne hätte. Östlich des Quai liegt das Viertel **Krutenau** mit Markt (s. S. 33), Tabakmanufaktur (s. S. 17) und Adressen für Nachtschwärmer (s. S. 9, 32). Von Luxussanierungen nicht völlig verschont, hat es dennoch seinen eigenen Charakter bewahrt.

St-Guillaume ㊳

Von außen betrachtet wirkt St-Guillaume in der Krutenau eher unscheinbar, doch birgt das Innere eine sehenswerte Ausstattung. 1307 war die Kirche, die im Zuge der Reformation protestantisch wurde, im Wesentlichen fertig gestellt. Auf der Turmspitze entdeckt man statt des Kreuzes einen Anker mit Wetterhahn. Vor der Wilhelmerkirche ankerten jahrhundertelang die Kähne und Frachter der Flussschiffer des Viertels.

Wertvollster Besitz von St-Guillaume sind die phantastischen bunten **Glasfenster** aus dem 15. Jh. Sie stammen zum Großteil aus der Werkstatt von Peter Hemmel aus Andlau. Zwischen 1447 und 1505 produzierte sie

Henri Moore schuf diese Plastik vor dem Palais de l'Europe

ganze Serien dieser großflächigen Kirchenfenster, die bis nach Ulm, München und Salzburg exportiert wurden. Dennoch überzeugt die künstlerische Qualität der Glasmalereien. Die Scheiben des Sakralbaus zeigen detailreich neben der Passionsgeschichte und der Katharinenlegende in leuchtenden Farben Szenen aus dem Leben des hl. Wilhelm von Maleval. Diesem Ahnherrn des Wilhelmitenordens ist die ehemalige Klosterkirche geweiht, die später Pfarrkirche wurde. Beeindruckend ist das **Doppelgrabmal** der Landgrafen Ulrich und Philipp von Werd.

Ins Europaviertel

Vor der Wilhelmerkirche liegt die Spitze der Illinsel; Fluss und Kanal vereinigen sich hier wieder. Über eine Strecke von 8 km fließt die Ill flankiert von ihrer begrünten Uferböschung mit Rad- und Spazierwegen von einem Ende der Stadt zum anderen.

Der Europäische Gerichtshof

In nördlicher Richtung folgt man dem **Quai du Maire-Dietrich,** benannt nach dem Bürgermeister der Revolutionszeit und Auftraggeber der Marseillaise (s. S. 72).

Hat man die breite Avenue de Liberté ein Stück hinter sich gelassen, wechselt man die Uferseite. Der **Quai Mullenheim** lädt zu einem gemütlichen Spaziergang ein. Das Panorama mit alten Bäumen, herrschaftlichen Villen und schicken Bungalows wirkt vornehm und gediegen. Die Passerelle Ducrot, ein schmaler Fußgängersteg, führt wieder auf die andere Illseite. Nur wenige Meter sind es bis zu Straßburgs »Europolis«, wo vis-a-vis des Palais de l'Europe im Mai 2003 auch der Fernsehsender arte (s. S. 90) sein neues Domizil bezog.

*Palais de l'Europe ㊴

Vor den Stufen zum Palais de l'Europe wehen die bunten Flaggen der 45 Mitgliedsstaaten des Europarats (Conseil de l'Europe, s. S. 88 f.). Dahinter steigt die moderne Fassade des Gebäudes aus Aluminium und goldbraunem Glas auf. Der Bau über quadratischem Grundriss, den der französische Architekt Henry Bernard konzipiert hat, wurde 1977 eingeweiht.

Er ist Sitz des Europarats und beherbergt mehr als 1300 Büros, dazu Versammlungs- und Seminarräume sowie Bibliotheken. Hinter der ver-

6
Seite 84

glasten Rotunde an der Ecke des Gebäudes befindet sich der Sitzungssaal des Ministerkomitees. Dort treten regelmäßig die Außenminister der Mitgliedsstaaten zusammen.

Der große runde Plenarsaal des Palais de l'Europe hat über 560 Plätze. Darüber breitet sich fächerförmig die Decke aus, deren Holzverkleidung zwölf Grate aufweist. Genau wie die zwölf goldenen Sterne auf der blauen Europafahne sollen die hinter dem Präsidiumssitz zusammenlaufenden Streben die Einheit der Völker Europas symbolisieren. Die Zahl 12 gilt von jeher als Symbol der Vollkommenheit.

Der Plenarsaal ist der Tagungsort der Parlamentarischen Versammlung des Europarats, die aus Vertretern der nationalen Parlamente besteht. Bis 1998 tagte dort auch das Europäische Parlament (EP), das als Organ der EU alle fünf Jahre direkt gewählt wird (zuletzt 1999).

Das neuere **Parlamentsgebäude IPE IV** am Illufer gegenüber dem Palais de l'Europe wurde 1999 fertig gestellt. Mit 750 Plätzen zählt das »Amphitheater« zu den größten Plenarsälen überhaupt. Der Neubau war nötig geworden, nachdem die Zahl der Europa-Parlamentarier seit 1979 von 410 auf 626 gestiegen ist.

6

Seite 84

i Besichtigung und Auskünfte: **Europarat Point i** (in der Zentralbibliothek, links vom Haupteingang), 67075 Strasbourg Cedex, Tel. 03 88 41 20 33, Fax 03 88 41 27 45 .

▮ Wer an einer Debatte des EPs teilnehmen will, wendet sich an: **Parlement Européen,** B. P. 1024, 67070 Strasbourg Cedex, Tel. 03 88 17 51 84, E-Mail: vissem@europarl.eu.int. Simultanübersetzungen in alle Amtssprachen.

Palais des Droits de l'Homme ㊵

Seit 1995 ist das Gebäude des Europäischen Gerichtshofs für Menschenrechte fertig gestellt. Den Hightech-Palast in poliertem Aluminium hat der britische Architekt des Centre Pompidou in Paris, Sir Richard Rogers, entworfen. Wie zwei überdimensionale Dosen flankieren die beiden mächtigen, schräg abgeflachten Zylinder den

Europa wird stärker

Der **Europarat** (EuR, Homepage www.coe.int/de) ist eine zwischenstaatliche Organisation auf völkerrechtlicher Grundlage. Am 5. Mai 1949 unterzeichneten Belgien, Dänemark, Frankreich, Irland, Italien, Luxemburg, die Niederlande, Norwegen, Schweden und Großbritannien in London die Gründungssatzung. Deutschland trat 1950 bei, Österreich 1956, die Schweiz 1963. Auch Staaten, deren Territorium zum größten Teil außerhalb Europas liegt, gehören dazu, wie etwa die Türkei. Seit dem Niedergang der sozialistischen Systeme in Mittel- und Osteuropa wächst der Europarat ständig weiter: Bosnien-Herzegowina und Serbien-Montenegro wurden als jüngste der derzeit 45 Mitglieder aufgenommen. Einen Beobachterstatus haben u. a. die USA, Kanada und Japan. Die wichtigsten Organe des EuR sind das Ministerkomitee, die Parlamentarische Versammlung und der Kongress der Gemeinden und Regionen Europas.

Hauptaufgaben des EuR ist die Stärkung der politischen, rechtli-

Eingang des 180 m langen Komplexes. Der ganze Bau scheint in ein signalrotes stählernes Gerüst eingehängt zu sein. Man kann den Koloss aus Metall, Beton und Glas auch von innen besichtigen, die Cafeteria und die Bibliothek sind frei zugänglich.

Centre d'Information des Droits de l'Homme,
67000 Strasbourg, Tel. 03 88 41 20 29, Fax 03 88 41 27 54.

*Parc de l'Orangerie

Der herrliche Park grenzt direkt an den Palais de l'Europe. 1804 ließ die Stadt eine Orangerie anlegen, um hier die Orangenbäume des Schlosses von Bouxwiller überwintern zu lassen und später auch zu züchten. Kaiserin Joséphine, die bei der Bevölkerung sehr beliebte Gemahlin Napoleons, weihte das Gebäude ein, weshalb es auch Pavillon Joséphine genannt wurde. Mit

chen, kulturellen und sozialen Zusammenarbeit. So hat er Kooperationsprogramme aufgelegt, die die ehemals kommunistischen Länder in Mittel- und Osteuropa in ihrem Demokratisierungsprozess unterstützen, und der Europarat hat einen Aktionsplan zur Bekämpfung von Rassismus, Antisemitismus und Intoleranz erarbeitet. Ein Schwerpunkt seiner Arbeit ist der der Schutz der Menschenrechte, Verstöße können vor dem Europäischen Gerichtshof für Menschenrechte verhandelt werden.

Neben der Europäischen Kommission, in die die Regierungen Mitglieder entsenden, und dem Europäischen Rat der Staats- und Regierungschefs (nicht zu verwechseln mit dem Europarat) gehört das **Europäische Parlament** zu den drei entscheidenden Gemeinschaftsorganen der Europäischen Union. Mitgliedsländer der EU sind Belgien, Dänemark, Deutschland, Finnland, Frankreich, Griechenland, Großbritannien, Irland, Italien, Luxemburg, die Niederlande, Österreich, Portugal, Schweden und Spanien. Zum 1. Mai 2004 sollen Estland, Lettland, Litauen, Malta, Polen, Slowakei, Slowenien, Tschechische Republik, Ungarn und Zypern Neumitglieder werden. Weitere Kandidaten sind Bulgarien, Rumänien und die Türkei.

Obwohl das Europäische Parlament seit 1979 alle fünf Jahre direkt gewählt wird, sehen die wenigsten EU-Bürger darin eine tatkräftige Vertretung ihrer Interessen. Die entscheidende Schwäche des Europäischen Parlaments ist derzeit noch seine mangelnde reale Einflussmöglichkeit. Als demokratisch legitimiertes Organ hat es keine wirklichen Kontrollbefugnisse gegenüber dem Europäischen Rat und der Kommission. Seine Kompetenzen in der Gesetzgebung sind noch beschränkt, es kann den EU-Haushalt nicht ausreichend kontrollieren. Doch durch den im Juni 2003 vorgelegten Entwurf einer EU-Verfassung, die 2004 in Kraft treten soll, wird das Europäische Parlament deutlich mehr Rechte erhalten und bei vielen Gesetzgebungsverfahren mitentscheiden. Mehr zur EU und ihrer Arbeit unter http://europa.eu.int/.

6
Seite 84

seinen bunten Blumenbeeten, duftenden Rosengärten sowie alten Buchen und Platanen zählt der 25 ha große Park zu den schönsten in Straßburg. Von Juni bis September erstrahlt er von Einbruch der Dunkelheit bis Mitternacht in leuchtender Illumination. Dazu ertönt Sa und So (20 bis 22 Uhr) stimmungsvolle Musik. Zur Orangerie gehört außerdem ein kleiner Zoo.

In Seenähe steht ein Fachwerk-Bauernhof von 1607, der aus Molsheim stammt und hier aus dem Originalmaterial wieder aufgebaut wurde. Dieses **»Buerehiesel«** beherbergt heute ein vornehmes Feinschmeckerlokal (S. 26 f.).

Pavillion in der Orangerie

arte – TV für Kulturfans

Er gibt sich jung, progressiv und vor allem europäisch. Der deutsch-französische Kulturkanal »arte« hat sich das Ziel gesteckt, ein integrierendes Medium für Europa zu sein. Dabei ist der Sender verglichen mit den anderen europäischen Einrichtungen in Straßburg noch jung: Am 30. Mai 1992 ging arte erstmals auf Sendung. Die Redaktion übt sich seither im »regard croisé«: Mit dem wechselseitigen Blick über die Grenzen wollen die Journalisten aus Deutschland und Frankreich Themen aller Art aus beiden Ländern vorstellen.

Der Schwerpunkt liegt auf Kunst und Kultur. Die Redakteure beschränken sich aber keineswegs auf Europa, es werden darüber hinaus ganze Themenabende zu Afrika oder Asien gesendet. Kaum ein Ereignis ist arte zu schräg, wenig zu exotisch. Arte-Zuschauer sollen erfahren, was das Nachbarland bewegt. Das Konzept des Senders ging bislang auf: Zwei Drittel seiner französischen und drei Viertel seiner deutschen Zuschauer sehen in dem Programm einen Beitrag zur Völkerverständigung. Die Partner hinter den Kulissen, ARD, ZDF und La Sept ARTE, wird dies trotz bislang niedriger Einschaltquoten freuen. Die belgische Rundfunkanstalt RTBF ist assoziiertes Mitglied, der spanische Sender TVE und die schweizerische SRG kooperieren mit dem Spartenkanal. Zu empfangen ist er übrigens auch in Österreich.

Informationen: arte Zuschauerdienst, 4, Quai du Chanoine Winterer, 67080 Strasbourg Cedex, Für Zuschauer aus Deutschland: 0180-500 24 88, aus Drittländern: 0033-3 88 14 22 55, Fax 03 88 14 21 60; www.arte-tv.com.

6
Seite 84

Seite 91

Ausflug 1

Garten ohne Grenzen

Der neue Garten der zwei Ufer und die Landesgartenschau 2004

Straßburg und Kehl legen an ihren jeweiligen Rheinufern mit dem grenzüberschreitenden »Jardin des deux rives« einen Park an, der den Rhein nicht als trennendes, sondern als verbindendes Element einbezieht. Mitsamt den anschließenden Rheinauen-Wäldern wird daraus ein attraktives, weiträumiges Naherholungsgebiet.

Vom 23. April bis zum 10. Oktober 2004 bildet die Schau ein unvergleichliches Einweihungsfest für den neuen, dauerhaft fortbestehenden Garten der zwei Ufer gleich südlich der Europabrücke. Beide Gartenteile (34 ha auf der französischen und 22 ha auf der deutschen Seite) verbindet die neue elegante Fußgänger- und Radfahrerbrücke des Pariser Architekten Marc Mimram miteinander.

Die Gartenanlagen an sich, aber auch die Veranstaltungen und Ausstellungen thematisieren kulturelle Unterschiede und machen diese Gartenschau somit besonders spannend. Natürlich gelten die Eintrittskarten für beide Bereiche der Gartenschau und die Veranstaltungen sowohl auf dem Hof der Großherzog-Friedrich-Kaserne wie auf der Straßburger Seite.

i **Landesgartenschau Kehl 2004 GmbH,**
Honsellstr. 8, 77694 Kehl,
Tel. 07851/8 99 99-0, Fax 8 99 99-28;
www.lgs-kehl.de

▮ **Office de Tourisme** (s. S. 100).

Busverbindung: Buslinie 21.
Bahnverbindung: SNCF und Ortenau-S-Bahn Straßburg–Kehl–Offenburg.

- Ⓐ Nordplatz
- Ⓑ Brückenplatz
- Ⓒ Wassergärten
- Ⓓ Rasentribüne
- Ⓔ Spielfläche
- Ⓕ Wasserspiel
- Ⓖ Seebühne am Rosengarten
- Ⓗ Aussichtsturm Weißtanne

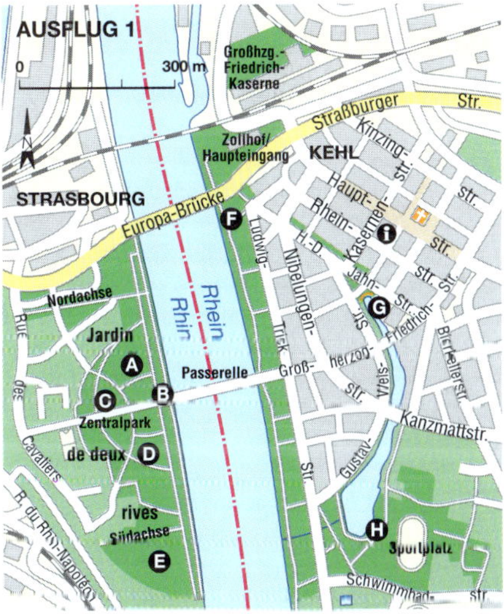

Seite 92

Ausflug 2

Mit dem Rad nach Pourtalès

Altstadt → *Château de Pourtalès → *Robertsauer Auwald

Etwa 30 Radminuten vom Straßburger Zentrum entfernt liegen das Château de Pourtalès und der Robertsauer Auwald. Beschilderte Radwege (Palais de l'Europe, Robertsau, Pourtalès) erleichtern die Orientierung (Mieträder S. 10 f.).

Man verlässt die Altstadt Richtung Norden über den Quai Koch und den Quai Mullenheim (S. 87). Nach Passieren des Palais de l'Europe und der Orangerie erreicht man das ehemalige Fischerdorf und heutige Nobelviertel **Robertsau** über den Chemin Goeb. Die Rue Mélanie führt direkt in den Schlosspark.

Das ***Château de Pourtalès** ㊶ (6 km) war im 18. Jh. Residenz der Familie de Bussière und wurde um die Wende vom 19. zum 20. Jh. umgebaut. Aus dieser Zeit stammen die Neorenaissancefassade und der Salon im Stil Louis XVI. Gräfin Mélanie empfing hier u. a. König Ludwig I. von Bayern, Kaiser Wilhelm und Albert Schweitzer. Inzwischen nutzen die Dependance einer amerikanischen Privathochschule und ein Restaurant das Schloss. Auf dem Rasen des Parks treffen sich im Sommer Familien zum Picknick.

Le Château de Pourtalès, 161, rue Mélanie, Robertsau, Tel. 03 88 31 37 40, Fax 03 88 45 77 82. Speisen wie die Schlossherren, im Sommer auf der Terrasse oder im barocken Salon. Man trifft sich zum stilvollen Tee oder sonntags zum lukullischen Brunch. ○○○

Busverbindung: Linie 15 (Boisfleuri)

Im ***Robertsauer Auwald** führen Platanenalleen und Naturpfade den Rhein entlang. Man kommt zu Fuß oder mit dem Rad an Baumriesen, Wiesen, Feldern und einem Gehöft vorbei, das der Baron de Bussière 1876 im Stil eines nordländischen Bauernhofs errichten ließ. Hier hat nun die Forstverwaltung ihren Sitz.

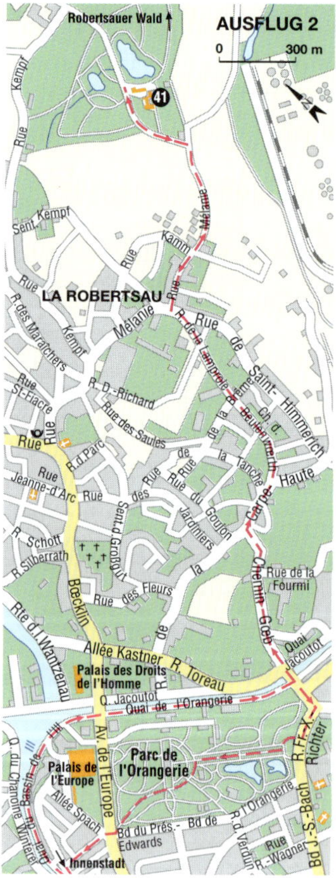

Ausflug 3

Seite 96

Die nördliche Weinstraße

Marlenheim → *Molsheim → *Rosheim → *Boertsch → **Obernai (→ Mont Ste-Odile)

Im Aroma liegt die Kraft, meinen die elsässischen Winzer – und, dass ihr Wein zum Essen wie zur Atmosphäre passen muss. Probieren geht über Studieren auf der nördlichen Route des Vins d'Alsace. Zwischen Fachwerkhäusern und Renaissancebrunnen haben die Weinbauern bei einem Glas Elsässer allerlei Geschichten über Land und Leute zu erzählen.

Marlenheim 42

Der Ort (3000 Einw.) ist das nördliche Tor zur Route des Vins. Bereits im 6. Jh. schätzten die Merowinger die sonnige Südhanglage am Marlenberg. Ein Weinlehrpfad, der an der Place de la Mairie beginnt (Hinweis »Sentier Viticole«), führt in die Kunst des elsässischen Weinbaus ein. Eine für die Grands Crus d'Alsace berühmte Lage am Marlenberg ist der »Steinklotz«.

Einen Besuch lohnt die **Marien-Wallfahrtskapelle,** deren Ursprung ins frühe Mittelalter zurückreicht. Drei Brüder aus Marlenheim, so die Legende, gerieten auf hoher See in einen Sturm. Den Tod vor Augen versprachen sie, der Muttergottes eine Kapelle zu stiften, wenn sie gerettet würden. Sie überlebten und lösten ihr Versprechen ein. Der erste Bau (9. Jh.) wurde zerstört, die heutige Kirche stammt von 1683/84.

Tipp Wer an Mariä Himmelfahrt (14./15. August) nach Marlenheim kommt, kann die traditionelle Bauernhochzeit **»Le Mariage de l'Ami Fritz«** mitfeiern. Brautpaar und Gäste erscheinen in alten Trachten. Das **Weinfest** findet am dritten Sonntag im Oktober statt.

i **Office du Tourisme,** Place du Kaufhus, 67520 Marlenheim, Tel. 03 88 87 75 80, Fax 03 88 87 61 74.

Busverbindung: Linie 206/207 Strasbourg Les Halles.

Der Winzer **Richard Specht,** 6, pl. Marechal Leclerc, Tel. 03 88 87 50 82, bietet Besichtigungen des Weinkellers und Proben auf Anfrage. Die Spezialität von **Michel Florence,** 3, rue Witthor, Tel. 03 88 87 56 86, sind Schaumweine.

*Molsheim 43

Hohe Pappelreihen, Spalierobst, eng bestandene Rebhänge und Äcker säumen die D 422 nach Molsheim. Der Ort (10 000 Einw.) wurde v. a. durch seine

Seite 96

Autowerke bekannt. 1909 eröffnete der Mailänder Ettore Bugatti seine Fabrik. Sie produzierte die exklusiven Automobile bis 1939, heute stellen die Messier-Bugatti-Werke am südlichen Stadtrand Fahrgestelle für Flugzeuge her. Einige Bugattis werden im ehemaligen **Kartäuserkloster** präsentiert. Im September treffen sich Oldtimerfreunde in Molsheim zum Bugatti-Festival (Musée de la Chartreuse/Fondation Bugatti, Tel. 03 88 38 25 10).

An der *Place de l'Hôtel de Ville steht ein auffallend schöner Renaissancebau, die ***Metzig.** Das ehemalige Zunfthaus der Metzger aus dem 16. Jh. mit der zweiläufigen Außentreppe und den kunstvoll gearbeiteten Maßwerkbrüstungen ist *das* Fotomotiv der Stadt. Die Kirche **Ste-Trinité** (1615–1618) gehörte zu einem Jesuitenkolleg, das damals zur katholischen Universität erhoben wurde und ein Zentrum der Gegenreformation im Elsass war. Von der ursprünglich farbigen Ausmalung zeugen der Freskenschmuck und die Stuckaturen in den Kapellen im Querschiff.

Wein und mehr

Baeckeoffe zum Riesling, Münsterkäse zum Gewürztraminer. Solche Kombinationen kann man hervorragend bei einer Weinprobe in Molsheim versuchen. Bei Winzern wie Pierre Hoerter und Alphonse Kaes kommen die Gäste auf ihre Kosten. Doch vor der »Kellerprobe« geht es per Kutsche 1,5 Std. durch die Weinberge. Unterwegs erläutern die Winzer Lagen, Rebsorten und Anbaumethoden.

▮ **Weinkellerei A. Kaes,** P. Hoerter, 12, pl. de la Liberté, 67120 Molsheim, Tel. 03 88 38 55 47, Fax 03 88 49 80 51. Weinproben vermitteln alle Verkehrsämter entlang der Weinstraße.

i **Office du Tourisme,** 19, pl. de l'Hôtel de Ville, 67120 Molsheim, Tel. 03 88 38 11 61, Fax 03 88 49 80 40; www.ot-molsheim-mutzig.com.

Bahnverbindungen: Straßburg, Obernai, Rosheim.

Hôtel du Centre, 1, rue St-Martin, Tel. 03 88 38 54 50, Fax 03 88 49 82 57; www.hotelrestaurant-centre.com. Familienhotel im Zentrum, Frühstück im Garten und elsässische Gerichte (❍❍) im Hotelrestaurant »La Charteuse«. ❍

Tipp In Molsheim finden jeweils am 1. Mai eine **Weinmesse** statt, am zweiten Oktoberwochenende folgt das **Weinfest.**

*Rosheim ㊹

Zu den schmucken Fachwerkdörfern an der Weinstraße gehört auch Rosheim, das viel Flair und eine besonders schöne romanische Kirche besitzt: die Basilika ***St-Pierre-et-Paul** im historischen Zentrum (vgl. S. 19).

Hostellerie du Rosenmeer, 45, av. de la Gare, Tel. 03 88 50 43 29, Fax 03 88 49 20 57; www.le-rosenmeer.com. Wunderbares und typisches Haus mit Winstub. ❍❍

Weinfreunde sollten der Kellerei **André Hopfner,** 28, rue Nouvelle, Tel. 03 88 50 22 74, unbedingt einen Besuch abstatten.

Seite 96

Trachten aus Ostheim auf dem Volksfest in Obernai

*Boersch 45

Wie schon im Mittelalter betritt man das noch ursprüngliche Elsässerdorf durch eines seiner drei Stadttore. Der Spaziergang führt zurück in die Geschichte. Der ländliche, kopfsteingepflasterte Marktplatz, der alte Ziehbrunnen, das kleine Renaissancerathaus und die verzierten Fachwerkhäuser strahlen Beschaulichkeit aus.

**Obernai 46

Oberehnheim (10 000 Einw.) gehört zu den schönsten Orten an der Weinstraße. Im Sommer herrscht am Marktplatz vor der bunten Fachwerkkulisse dichtes Gedränge. In den krummen Gassen entdeckt man Häuser mit Erkern und Klappladen mit ausgesägten Herzen. Hinter den Toreinfahrten liegen verwinkelte Höfe, Holztore zeigen prächtige Schnitzereien. Der Sechseimerbrunnen aus der Renaissance ist einer der schönsten dieser typisch elsässischen Brunnen. Über der Szene-

Diese reizvolle Dächerlandschaft hat Obernai zu bieten

rie erhebt sich als einziger Rest einer gotischen Kirche der spitze Kapellturm. Wenn auch mit einem Hauch von Freilichtmuseum, so wirkt Obernai doch wie eine elsässische Kleinstadt aus dem 16./17. Jh. Im Juli wird hier das Trachtenfest »Der Hans em Schnokeloch« gefeiert.

Office du Tourisme, Place du Beffroi, 67210 Obernai, Tel. 03 88 95 64 13, Fax 03 88 49 90 84; www.mairie-obernai.fr

Bahnverbindungen: Straßburg, Molsheim, Rosheim.
Busverbindung: Linie O: Strasbourg–Les Halles–Obernai–Boersch–Ottrott–Ste-Odile.

La Cloche, 90, rue du Général-Gouraud, Tel. 03 88 95 52 89, www.la-cloche.com. Fachwerkhaus (Hotel und Restaurant) aus dem 14. Jh., 20 Zimmer. Gaststube mit Wandgemälden und kunstvollen Glasfenstern. ○○

La Halle aux Blés, Place du Marché, Tel. 03 88 95 56 09, Fax 95 27 70. Die ehemalige Kornhalle (16. Jh.) lädt ein zu Tarte flambée und täglich wechselnden elsässischen Spezialitäten. ○○

Seite 96

L'Ami Fritz, 8, rue des Châteaux, 67530 Ottrott-le-Haut, Tel. 03 88 95 80 81, www.amifritz.com. Die Küche von M. und Mme Fritz ist bekannt für erlesene Menüs. Spezialitäten sind Seeteufelragout mit Rouge d'Ottrott oder Sauerkraut mit Ente. Auch Zimmer. ❍❍

Ein beliebtes Ausflugsziel von Obernai aus ist der **Mont Ste-Odile** (47). Eine ca. 10 km lange Mauer aus riesigen Steinen umgibt den 763 m hohen heiligen Berg des Elsass. Im 7. Jh. gründete die Schutzpatronin des Elsass, die später heilig gesprochene Odilia, dort ein Kloster. Es genießt als Wallfahrtsziel einen gewissen Bekanntheitsgrad.

Hôtellerie du Mont Ste-Odile, 67530 Ottrott, Tel. 03 88 95 80 53, Fax 03 88 95 82 96; www.mont-sainte-odile.com. Von den Nonnen geleitete Klosterherberge (Restaurant), frühzeitige Anmeldung erforderlich. ❍

Tipp Nicht nur interessant für Kinder ist das große Meer- und Süßwasseraquarium **Les Naïades** bei Ottrott am Weg zum Mont Ste-Odile. Piranhas, Nilkrokodile, Störe, Haie und Muränen, Wasserschildkröten u. v. a. lassen sich hier beobachten (30, route de Klingenthal, Tel. 03 88 95 90 32; www.parc-les-naiades.com; tgl. 10–18.30 Uhr).

Ausflug 4

Die Schätze des Unterelsass

Sessenheim → Souffenheim → Haguenau

Am Rande des Haguenauer Forsts liegen einige über das Elsass hinaus bekannte Dörfer. In Sessenheim traf Goethe seine erste Liebe; Soufflenheim verdankt seinen Ruf dem Geschick seiner Töpfer. Das Zentrum des nördlichen Elsass bildet die einstige Kaiserpfalz Haguenau. Das Unterelsass gibt sich schlichter und ungeschminkter und ist nicht so überlaufen wie die Weinstraße.
Wer Straßburg Richtung Haguenau/ La Wantzenau verlässt, taucht bald ein in das wechselvolle Licht der hohen Platanenalleen. Auf den Feldern rankt sich der Hopfen die langen Drähte hinauf.

Sessenheim 48

Wohl kaum jemand würde das Dorf (1500 Einw.) in der Rheinebene kennen, hätte hier nicht Goethe eine Romanze mit Friederike Brion erlebt. Nahezu jede Ecke erinnert an den damaligen Jurastudenten aus Straßburg: Niedrige Bauernhäuser säumen die Rue Goethe, und mitten im Ort steht die säulengeschmückte Gedenkstätte mit einer Büste des Dichters. In der protestantischen Kirche mit dem markanten Zwiebelturm existiert noch das Gestühl, auf dem die Verliebten der Messe von Vater Brion beiwohnten. Der Pfarrer, dessen Predigten Goethe schlicht »langweilig« fand, liegt im Mittelgang der 1911 umgebauten Kirche begraben. Vom Pfarrhof der Brions ist lediglich die Scheune am Anfang der Rue Frédérique Brion erhalten. In dem alten Fachwerkbau half Goethe einst beim Bündeln der Maisernte.

Seite 96

Nachlesen über die Romanze, die von Oktober 1770 bis Sommer 1771 dauerte, kann man z. B. bei Goethe selbst: In **Dichtung und Wahrheit** (u. a. Reclam) hat er die unbeschwerte Zeit von Sesenheim festgehalten. Mit dem Thema befasst sich auch Raymond Matzen in **Goethe und Friederike Brion. Das Sesenheimer Liebesidyll,** Texte, Gedichte, Briefe, Morstadt Verlag 1995.

Tipp Die **Auberge au Bœuf** (s. u.) wartet mit einem Musée Goethe auf: Jahrelang haben die Besitzer liebevoll alles Mögliche über Goethe und Friederike Brion gesammelt. Von der Visitenkarte des Wirklichen Geheimrats und Staatsministers von Goethe bis zum Scherenschnitt seiner Geliebten ist Kurioses und Interessantes zu entdecken. (Mi–So 9–23.30 Uhr; 1.–15. Feb. u. 1.–21. Aug. geschl.)

Bahnverbindung: Straßburg.

A l'Agneau, 11, route des Strasbourg, Tel. 03 88 86 95 55. Schmackhafte Fleisch- und Fischgerichte. ○○○

L'Auberge au Bœuf, 1, rue de l'Eglise, Tel. 03 88 86 97 14; www.auberge-au-boeuf.com. Stilvolles Restaurant mit einem Kachelofen. Als Dessert sind die köstlichen Tartes mit frischem Obst zu empfehlen. ○○

Tipp Der Club Vosgien hat einen 6 km langen **Goethe-Wanderweg** zum Bois de Sessenheim angelegt. Start ist vor dem Rathaus.

Seite 96

Töpfer bei der Arbeit in einem Atelier in Soufflenheim

Soufflenheim ㊾

In dem traditionellen Töpferdorf (4100 Einw.) gehen noch über ein Dutzend Töpfer ihrem Handwerk bzw. Kunsthandwerk nach. Man kann ihnen bei der Arbeit an der Drehscheibe und beim Glasieren zusehen und die Keramik noch »ofenfrisch« erstehen: runde Kuglhupf-Formen, ovale Terrinen mit Blumenmuster für Baeckeoffe oder kleine Milchkrüge mit Pünktchendekor.

i **Office du Tourisme,** 20 b, Grand'Rue, 67620 Soufflenheim, Tel. 03 88 86 74 90, Fax 03 88 86 60 69; www.ot-soufflenheim.fr. Infos zu Töpfereibesichtigungen.

Busverbindung: Haguenau.

Typisch elsässische Töpfereien in großer Auswahl bieten:

- **Poterie I. Friedmann,** 3, rte de Haguenau, Tel. 03 88 86 61 21, www.poteriefriedmann.fr;
- **Poterie R. Hausswirth,** 1, rue de la Montée, Tel. 03 88 86 74 31, Fax 03 88 86 70 69;
- **Poterie M. Streissel,** 25, route de Haguenau, Tel. 03 88 86 64 69, www.potiers.com/caps.

St-Georges in Haguenau

Haguenau ㊿

Kiefern und Laubbäume umgeben das Städtchen (30 600 Einw.) am Südrand des Haguenauer Forsts (Forêt de Haguenau). Der Staufer Friedrich Barbarossa ließ im 12. Jh. eine Kaiserpfalz errichten, von der Eroberer und Brände jedoch nichts übrig ließen. Das Stadtbild prägen stattliche Häuser vor allem aus dem 18. Jh. mit hohen Giebeln. An der Place Joseph-Thierry reckt sich der schiefergedeckte Turm der **Ancienne Chancellerie** in die Luft. Die ehemalige Stadtkanzlei von 1486 beherbergt heute das Musée Alsacien.

Im schlichten Inneren der Kirche **St-Georges,** die auf das 12./13. Jh. zurückgeht, findet man eine reliefgeschmückte Kanzel (um 1500) von Veit Wagner. Fritz Hammer schuf wenig später das hochgetürmte Sakramentshäuschen. Wie schon Goethe auffiel, hat eben auch die Provinz ihre Schätze.

Tipp Die **Fête du Houblon,** ein Hopfenfest mit internationaler Folklore, Musik und Bier, findet im August am Wochenende vor dem letzten Sonntag statt.

Einarmige Banditen, Black Jack und Roulette fordern im **Casino de Niederbronn** das Glück im Spiel heraus. Dazu werden Dîner im Kerzenschein und Tanz geboten (nördlich von Haguenau, Tel. 03 88 80 84 88; www.casinodeniederbronn.com).

Office du Tourisme, Place de la Gare, 67500 Haguenau,
Tel. 03 88 93 70 00,
Fax 03 88 93 69 89; www.ville-haguenau.fr/site_office_tourisme

Bahnverbindung: Straßburg.
Busverbindung: Soufflenheim.

Au Bœuf Rouge, 39, av. du Général-de-Gaulle, in Niederschaeffolsheim, Tel. 03 88 73 81 00, Fax 03 88 73 89 71, www.logis-de-France.com. Hotel mit 13 Zimmern und eigenem Restaurant. ❍❍

- **L'Etoile,** 46, rte de Marienthal, Tel. 03 88 93 89 25, Fax 03 8893 79 49. Kleineres Haus mit freundlichen Zimmern und eigenem Restaurant. ❍❍

S'Buerehiesel Chez Monique, 13, rue Meyer,
Tel. 03 88 93 30 90. Gemütliche Weinstube mit typischem Interieur und vielen Hexenpuppen an der Decke. ❍❍

- **Au Tigre,** 4, pl. d'Armes,
Tel. 03 88 93 69 47. Eine familiäre Brasserie, die u. a. leckere Leberknödel mit Bratkartoffeln serviert. ❍

Vins et Terroirs, 12, rue Marechal Foch, Tel. 03 88 07 16 47, führt viele Weine, Spirituosen und regionalen Spezialitäten.

Infos von A–Z

Ärztliche Versorgung

Beim Arztbesuch wird auch bei Vorlage der Anspruchsberechtigung E 111 oft die in Frankreich übliche Vorkasse sowie eine Selbstbeteiligung auch bei Medikamenten verlangt. Prüfen Sie vor der Reise bei Ihrer Krankenversicherung, ob der Abschluss einer privaten Reisekrankenversicherung sinnvoll ist. Wer es vorzieht, kann zum Arztbesuch auch ins deutsche Kehl fahren. Notdienste der Apotheken *(Pharmacies)* sind am Eingang sowie im Lokalteil der Zeitung angezeigt.

Behinderte

- **ARAHM,** Association Régionale d'Aide aux Handicapés Moteurs, 116, rue de la Ganzau, 67000 Strasbourg, Tel. 03 88 65 85 00,
Fax 03 88 65 85 08.

Diplomatische Vertretungen

- **Deutsches Generalkonsulat,** 15, rue des Francs-Bourgeois, 67081 Strasbourg Cedex, Tel. 03 88 15 03 40,
Fax 03 88 75 79 82.
- **Österreichisches Generalkonsulat,** 29, av. de la Paix, 67000 Strasbourg,
Tel. 03 88 35 13 94,
Fax 03 88 25 19 88.
- **Schweizer Konsulat,** 11, blvd. Président-Edwards, 67083 Strasbourg Cedex, Tel. 03 88 35 00 70,
Fax 03 88 36 73 54.

Einreise

Trotz des Wegfalls der Grenzkontrollen sollten EU-Bürger immer gültige Personalpapiere mitnehmen, Schweizer benötigen einen Reisepass.

Feiertage

Neujahr, Karfreitag, Ostermontag, 1. Mai (Tag der Arbeit), 8. Mai (Deutsche Kapitulation 1945), Christi Himmelfahrt, Pfingstmontag, 14. Juli (Nationalfeiertag), 15. August (Mariä Himmelfahrt), 1. November (Allerheiligen), 11. November (Waffenstillstand 1918), 25. und 26. Dezember (Weihnachten).

Fundbüro

▮ **Bureaux des Objets Trouvés,** 14, rue Gare aux Marchandises, Tel. 03 88 77 70 38, Mo–Fr 9–12 und 14–17 Uhr.

Geld

Die Währungseinheit in Frankreich ist der Euro (10 CHF = 6,50 €, 10 € = 15,37 CHF, Stand: Juni 2003).

An Bankschaltern mit entsprechenden Symbolen kann man mit Bankkarte (Cirrus- oder Maestro-Symbol obligatorisch) und Pin-Nummer bzw. mit international gebräuchlichen Kreditkarten Bargeld abheben. Gängige Kreditkarten werden in den meisten Hotels und Restaurants akzeptiert.

Information

▮ **Straßburg: Office de Tourisme de Strasbourg et sa Région,** 17, pl. de la Cathédrale, 67000 Strasbourg, Tel. 03 88 52 28 28, Fax 03 88 52 28 29; www.ot-strasbourg.fr; Mo–Sa 9–19, So 9–16 Uhr. Weitere Informations-Pavillons sind in der Unterführung am Bahnhof, Tel. 03 88 32 51 49, sowie an der Europabrücke am Grenzübergang Kehl, Tel. 03 88 61 39 23. Das Office de Tourisme vermittelt auch Übernachtungsmöglichkeiten.

▮ **Elsass: Agence de Développement Touristique du Bas-Rhin,** 9, rue du Dôme, 67000 Strasbourg, Tel. 03 88 15 45 80, Fax 03 88 75 67 64; www.tourisme67.com; **Comité Régional du Tourisme d'Alsace,** 20A, rue Berthe Molly, 68000 Colmar, Tel. 03 89 24 73 50, Fax 03 89 24 73 51; www.tourisme-alsace.com.

▮ **Frankreich: Französisches Fremdenverkehrsamt** (Maison de la France; www.franceguide.com): Westendstr. 47, 60325 Frankfurt/Main, Tel. 01 90/57 00 25 (Infoline und Prospektbestellung rund um die Uhr, 0,62 €/Min.), Fax 01 90/59 90 61; Rennweg 42, Postfach 7226, 8023 Zürich, Tel. 0900/900 699, Fax 01/217 46 17, Rue Thalberg 2, 1201 Genf, Tel. 0900/900 699, Fax 022/901 00 04; Argentinierstr. 41 a, 1040 Wien, Tel. 0900/25 00 15 (max. 0,68 €/Min.), Fax 5 03 28 71.

Notruf

▮ **Ambulanz/Notarzt SAMU:** Tel. 15
▮ **SOS Médecins:** Tel. 03 88 75 75 75
▮ **ASUM 67:** Tel. 03 88 36 36 36.
▮ **Feuerwehr** (pompiers): Tel. 18
▮ **Polizei:** Tel. 17
▮ **Gendarmerie:** Tel. 03 88 37 52 99
▮ **Pannenhilfe/Abschleppdienst** (Automobil Club d'Alsace): Tel. 03 88 36 04 34; www.automobileclub.org

Öffnungszeiten

▮ **Kleinere Läden** haben Mo–Sa meist von 9 bis 12 Uhr und von 14 bis 19 Uhr geöffnet. Mo morgens oder Mi mittags haben einige Geschäften geschlossen. Bäckereien, Lebensmittelgeschäfte und Souvenirshops sowie Tabak- und Blumenläden haben sonntags geöffnet.

▮ **Supermärkte** und **Kaufhäuser** öffnen um 9 Uhr und schließen zwischen 18.30 und 20 Uhr (z. B. Les Halles).

▮ **Banken** haben Mo–Fr 9–12 und von 14–17 Uhr Schalterstunden.

▮ Die Öffnungszeiten von **Museen, Kirchen** und **Sehenswürdigkeiten** sind sehr unterschiedlich. Als Faustregel gilt: Mo–Sa 10–12 und 13.30 bis 18 Uhr, So 10–17 Uhr; Di geschl.

Post/Internet

Das Porto für eine Postkarte oder einen Brief (bis 20 g) kostet 0,50 €. Briefmarken gibt es auch im Tabakladen (Tabac oder Bar-Tabac) oder Souvenirshop.

Postämter sind Mo–Fr von 8 bis 18.30 Uhr und Sa bis 12 Uhr geöffnet. Hauptpost: 5, av. de la Marseillaise; Postamt am Münster: 5, place du Château.

Cyber-Cafés

Best Coffee Shop, 10, quai des Pêcheurs, Tel. 03 88 35 10 60.
Cyber'Boutic, 15, rue Nuée Bleue, Tel. 03 88 75 80 50.
Art Café, 1, pl. Jean Arp, im Musée d'Art Moderne et Contemporain, Tel. 03 88 22 18 88.
Cyber Café L'Utopie, 21, rue Fossé des Tanneurs, Tel. 03 88 23 89 21.

Stadtrundfahrten und -führungen

Führungen vermittelt das Fremdenverkehrsamt (S. 100). Besonders interessant dürften Spaziergänge zu einem Thema (z. B. Mittelalter oder Parks) sein. Außerdem gibt es spezielle Kinderführungen. Dauer 1–2 Std., Erläuterungen auch in Deutsch.

Der **Minizug** fährt von der Place du Château am Münster durch die Altstadt bis ins alte Gerberviertel Petite France. Unterwegs gibt es Kommentare in vier verschiedenen Sprachen. Fahrkartenverkauf bei der Abfahrt, Dauer 40 Min., Tel. 03 88 77 70 96.

Strasbourg Pass: Das Verkehrsamt und viele Hotels verkaufen den drei Tage gültigen Pass für 9,90 € (2003). Im Preis enthalten sind eine Museumsbesichtigung, der Aufstieg zur Münsterplattform, eine Bootstour und ein Mietfahrrad für einen Tag.

Telefon

Télécartes (Telefonkarten) für Telefonzellen gibt es bei der Post und in Tabakläden (Bar-Tabac). Die günstigsten Tarife lassen sich im Internet finden unter: www.frankreich-info.de.
Billigtarife im Festnetz: tgl. 19–8 Uhr, im Mobilnetz: Mo–Fr 21.30–8 Uhr und Sa 12.30 bis Mo 8 Uhr. Internationale Tarife variieren je nach Zielland (Informationen erhält man kostenlos unter Tel. 08 00 06 19 19).
In den Mobilnetzen (GSM 900/1800) kann man mit D- und E-Netz-Handys (Dual-Band-Handys) telefonieren (an Tankstellen verboten). Fragen Sie Ihren Netzbetreiber nach den Roamingbedingungen und -kosten.
Internationale Vorwahlnummern: Deutschland 00 49, Österreich 00 43, Schweiz 00 41, Frankreich 00 33.

Zeitungen

Die Straßburger »Dernières Nouvelles d'Alsace« (DNA) sind die wichtigste elsässische Tageszeitung. Sie erscheint auch in einer z. T. deutschsprachigen Ausgabe. Im Lokalteil findet man unter der Rubrik »Aujourd'hui à Strasbourg« den aktuellen Veranstaltungskalender sowie die Telefonnummern von Ärzten und Apotheken. Mittwochs gibt es eine Vorschau auf kulturelle Ereignisse.

Zoll

Reisende aus EU-Ländern können Waren für den eigenen Bedarf unbegrenzt ein- und ausführen. Schweizer über 17 Jahren dürfen einmal tgl. zollfrei in die Schweiz einführen: 2 l Wein bis 15 % Alkohol und 1 l Spirituosen über 15 % Alkohol. Bis zu einem Wert von 300 CHF pro Person sind Nahrungsmittel für den privaten Verbrauch abgabenfrei. An Tabakwaren sind 200 Zigaretten oder 50 Zigarren oder 250 g Pfeifentabak erlaubt.

Langenscheidt Mini-Dolmetscher

Allgemeines

Guten Tag.	Bonjour. [bö**sehur**]
Hallo!	Salut! [ßa**lü**]
Wie geht's?	Ça va? [ßa **wa**]
Danke, gut.	Bien, merci. [bjẽ mär**ßi**]
Ich heiße ...	Je m'appelle ... [sehö ma**päll**]
Auf Wiedersehen.	Au revoir. [o rö**woar**]
Morgen	matin [ma**tẽ**]
Nachmittag	après-midi [aprämi**di**]
Abend	soir [ßoar]
Nacht	nuit [nüi]
morgen	demain [dö**mẽ**]
heute	aujourd'hui [osehur**düi**]
gestern	hier [jär]
Sprechen Sie Deutsch?	Parlez-vous allemand? [par**le** wu al**mã**]
Wie bitte?	Pardon? [par**dõ**]
Ich verstehe nicht.	Je ne comprends pas. [sehö nö kõ**prã** pa]
Sagen Sie es bitte nochmals.	Pourriez-vous répéter, s'il vous plaît? [pur**je** wu repe**te** ßil wu **plä**]
..., bitte.	..., s'il vous plaît. [ßil wu **plä**]
danke	merci [mär**ßi**]
Keine Ursache.	De rien. [dö **rjẽ**]
was / wer / welcher	quoi / qui / quel [koa / ki / käll]
wo / wohin	où [u]
wie / wie viel	comment / combien [ko**mã** / kõ**bjẽ**]
wann / wie lange	quand / combien de temps [kã / kõ**bjẽ** dö **tã**]
warum	pourquoi [pur**koa**]
Wie heißt das?	Comment ça s'appelle? [ko**mã** ßa ßa**päll**]
Wo ist ...?	Où est ...? [u ä]
Können Sie mir helfen?	Pouvez-vous m'aider? [pu**we** wu mä**de**]
ja	oui [ui]
nein	non [nõ]
Entschuldigen Sie.	Excusez-moi. [äksküse **moa**]
Das macht nichts.	Ça ne fait rien. [ßa nö fä **rjẽ**]

Sightseeing

Gibt es hier eine Touristeninformation?	Est-ce qu'il y a une information touristique ici? [äskil**ja** ün ẽforma**ßjõ** turis**tik** i**ßi**]
Haben Sie einen Stadtplan / ein Hotelverzeichnis?	Avez-vous un plan de la ville / une liste des hôtels? [a**we** wus ẽ plã dö la wil / ün list des‿o**täll**]
Wann ist das Museum / die Kirche / die Ausstellung geöffnet?	Quelles sont les heures d'ouverture du musée / de l'église / de l'exposition? [käl ßõ les‿ör duwär**tür** dü mü**se** / dö le**glihs** / dö läksposi**ßjõ**]
geschlossen	fermé [fär**me**]

Shopping

Wo gibt es ...?	Où est-ce qu'il y a ...? [u äskil**ja**]
Wie viel kostet das?	Ça coûte combien? [ßa kut kõ**bjẽ**]
Das ist zu teuer.	C'est trop cher. [ßä tro **schär**]
Das gefällt mir. / Das gefällt mir nicht.	Ça me plaît. / Ça ne me plaît pas. [ßa mö **plä** / ßa nö mö plä **pa**]
Gibt es das in einer anderen Farbe / Größe?	Ça existe dans une autre couleur / taille? [ßa äk**sist** dãs‿ün **o**trö ku**lör** / taj]
Ich nehme es.	Je le prends. [sehö lö prã]
Wo gibt es hier eine Bank?	Où est-ce qu'il y a une banque ici? [u äskil**ja** ün bãk i**ßi**]
Ich suche einen Geldautomaten.	Je cherche un guichet automatique. [sehö schärsch ẽ gi**schä** otoma**tik**]
Geben Sie mir 100 g Käse / zwei Kilo Pfirsiche.	Donnez-moi cent grammes de fromage / deux kilos de pêches. [do**ne moa** ßã gram dö fro**maseh** / döh ki**lo** dö päsch]
Haben Sie deutsche Zeitungen?	Avez-vous des journaux allemands? [a**we** wus de sehur**no** al**mã**]
Wo kann ich telefonieren / eine Telefonkarte kaufen?	Où est-ce que je peux téléphoner / acheter une télécarte? [u äskö sehö pöh telefo**ne** / asch**te** ün tele**kart**]

Notfälle

Ich brauche einen Arzt / Zahnarzt.	J'ai besoin d'un médecin / dentiste. [sehe bösoẽ dẽ med**sẽ** / dã**tist**]
Rufen Sie bitte einen Krankenwagen / die Polizei.	Appelez une ambulance / la police, s'il vous plaît. [ap**le** ün ãbü**lãs** / la po**lis** ßil wu **plä**]

Wir hatten einen Unfall.	On a eu un accident. [õ‿na ü ẽn‿akßi**dã**]
Wo ist das nächste Polizeirevier?	Où est le poste de police le plus proche? [u ä lö post dö po**lis** lö plü **prosch**]
Ich bin bestohlen worden.	On m'a volé. [õ‿ma wo**le**]
Mein Auto ist aufgebrochen worden.	On a fracturé ma voiture. [õn‿a fraktü**re** ma woa**tür**]

Essen und Trinken

Die Speisekarte, bitte.	La carte, s'il vous plaît. [la **kart** ßil wu **plä**]
Brot	pain [pẽ]
Kaffee	café [ka**fe**]
Tee	thé [te]
mit Milch / Zucker	au lait / sucre [o lä / **ßü**krə]
Orangensaft	jus d'orange [~~seh~~ü do**rä~~seh~~**]
Suppe	soupe [ßup]
Fisch / Meeresfrüchte	poisson / fruits de mer [poa**ssõ** / früi dö **mär**]
Fleisch / Geflügel	viande / volaille [wjäd / wo**laj**]
Beilage	garniture [garni**tür**]
vegetarische Gerichte	cuisine végétarienne [küi**sin** we~~seh~~etar**jänn**]
Eier	œufs [öh]
Salat	salade [ßa**lad**]
Dessert	dessert [de**ssär**]
Obst	fruits [früi]
Eis	glace [glass]
Wein	vin [wẽ]
weiß / rot / rosé	blanc / rouge / rosé [blã / ru~~seh~~ / ro**se**]
Bier	bière [bjär]
Aperitif	apéritif [aperi**tif**]
Wasser	eau [o]
Mineralwasser	eau minérale [o mine**ral**]
mit / ohne Kohlensäure	gazeuse / non gazeuse [ga**sös** / nõ ga**sös**]
Limonade	limonade [limo**nad**]
Frühstück	petit déjeuner [pöti de~~seh~~**öne**]
Mittagessen	déjeuner [de~~seh~~**öne**]
Abendessen	dîner [di**ne**]
eine Kleinigkeit	un petit quelque chose [ẽ pö**ti** källkə **schohs**]
Ich möchte bezahlen.	L'addition, s'il vous plaît. [ladi**ßjõ** ßil wu **plä**]
Es war sehr gut. / Es war nicht so gut.	C'était très bon. / Ce n'était pas si bon. [ße**tä** trä **bõ** / ßö ne**tä** pa ßi **bõ**]

Im Hotel

Ich suche ein gutes Hotel / ein nicht zu teures Hotel.	Je cherche un bon hôtel / un hôtel pas trop cher. [~~seh~~ö schärsch ẽ bõn‿o**täll** / ẽn‿o**täll** pa tro **schär**]
Ich habe ein Zimmer reserviert.	J'ai réservé une chambre. [~~seh~~e resär**we** ün **schãbr**]
Ich suche ein Zimmer für ... Personen.	Je cherche une chambre pour ... personnes. [~~seh~~ö schärsch ün schãbr pur ... pär**ßonn**]
Mit Dusche und Toilette.	Avec douche et toilette. [a**wäk** dusch e toa**lätt**]
Mit Balkon.	Avec balcon. [a**wäk** bal**kõ**]
Wie viel kostet das Zimmer pro Nacht?	Quel est le prix de la chambre par nuit? [käll‿ä lö pri dö la **schãbr** par **nüi**]
Mit Frühstück?	Avec petit déjeuner? [a**wäk** pöti de~~seh~~**öne**]
Kann ich das Zimmer sehen?	Est-ce que je peux voir la chambre? [äskö ~~seh~~ö pöh **woar** la **schãbr**]
Haben Sie ein anderes Zimmer?	Est-ce que vous avez une autre chambre? [**äskö** wus‿a**we** ün otrə **schãbr**]
Das Zimmer gefällt mir (nicht).	La chambre me plaît / ne me plaît pas. [la schãbr mö **plä** / nö mö plä **pa**]
Kann ich mit Kreditkarte bezahlen?	Est-ce que je peux payer avec une carte de crédit? [**äskö** ~~seh~~ö pöh pä**je** a**wäk** ün kart dö kre**di**]
Wo kann ich parken?	Où est-ce que je peux laisser ma voiture? [u **äskö** ~~seh~~ö pöh lä**sse** ma woa**tür**]
Können Sie das Gepäck in mein Zimmer bringen?	Pourriez-vous apporter mes bagages dans la chambre? [pur**je** wu apor**te** me ba**ga~~seh~~** dã la **schãbr**]
Wo ist der Speisesaal?	Où est la salle à manger? [u ä la ßal‿a mã**~~seh~~e**]
Wecken Sie mich morgen bitte um 7 Uhr!	Réveillez-moi demain matin à sept heures, s'il vous plaît! [rewä**je** moa dö**mẽ** ma**tẽ** a ßät‿ör ßil wu plä]
Es fehlen Handtücher / Kleiderbügel.	Il manque des serviettes de toilette / des cintres. [il mãk de ßärw**jät** dö toa**lät** / de ßẽtr]

Orts- und Sachregister

Personenregister

Bildnachweis

Archiv für Kunst und Geschichte, Berlin: 22; Catch the Day/Manfred Braunger: 1, 2-1, 6, 6/7 (Fond), 7, 8, 8/9 (Fond), 10/11 (Fond), 11, 13-2, 15, 23-1, 23-2, 25, 26, 31, 32, 33, 35, 38-1, 47, 48, 49, 50, 54-2, 55, 56, 59, 60, 61, 62, 63, 73-1, 73-2, 74, 76, 78, 79, 80, 81, 83, 87-2, 90, 95-1, 95-2, 98-1, Umschlagrückseite (oben u. unten), Ralf Freyer: 5, 13-1, 27, 29, 43, 54-1, 69-2, 87-1, 93, 98-2; Herbert Hartmann: 2-2, 34, 38-2, 69-1; Walter Storto: 46, 58; Ernst Wrba: 9, 10; Titelbild: Mauritius/Kord.

Zeichenerklärung

Unsere Preissymbole bedeuten:

Hotel (DZ):	❍❍❍	ab 130 €	Restaurant:	❍❍❍	ab 55 €
	❍❍	70–120 €	(Menü)	❍❍	30–55 €
	❍	unter 70 €		❍	unter 30 €

Polyglott im Internet: www.polyglott.de,
im Travel Channel unter www.travelchannel.de

Alle Informationen stammen aus zuverlässigen Quellen und wurden sorgfältig geprüft. Für ihre Vollständigkeit und Richtigkeit können wir jedoch keine Haftung übernehmen.
Ergänzende Anregungen bitten wir zu richten an:
Polyglott Verlag, Redaktion, Postfach 40 11 20, 80711 München.
E-Mail: redaktion@polyglott.de

Impressum

Herausgeber: Polyglott-Redaktion
Autoren: Claudia Christoffel-Crispin und Gerhard Crispin
Autor Specials: Manfred Braunger
Lektorat: Susanne Feess
Layout: Ute Weber, Geretsried
Karten und Pläne: Polyglott-Kartografie
Titeldesign-Konzept: Independent Medien-Design
Satz: Tim Schulz, Dagebüll
Satz Special: Carmen Marchwinski, München

Erste Auflage 2003/2004

Printed in Germany
ISBN 3-493-58766-x
Dieses Buch wurde auf chlorfrei gebleichtem Papier gedruckt.

Das unverwechselbare Polyglott-Sternchensystem

***** eine eigene Reise wert** **** einen Umweg wert** *** sehr sehenswert**

Straßburg

*** Cathédrale Notre-Dame (S. 42 f.)

** Maison Kammerzell (S. 49)
** Musée de l'Œuvre Notre Dame (S. 49 ff.)
** Palais des Rohan (S. 53 ff.)
** Musée Alsacien (S. 57 f.)
** St-Thomas (S. 60 ff.)
** Musée des Arts Décoratifs (S. 56)
** La Petite France (S. 63 f.)
** Musée d'Art Moderne et Contemporain (S. 65 f.)

* Place du Marché Gayot (S. 51)
* Place St-Etienne (S. 52)
* Musée Archéologigue (S. 55)
* Musée des Beaux-Arts (S. 56)
* Ponts Couverts (S. 65)
* Grand'Rue (S. 66 f.)
* Hotel de Ville (S 70)
* St-Pierre-le-Jeune (S. 72 f.)
* Place de la République (S. 79 f.)
* Palais Universitaire (S. 82)
* Palais de l'Europe (S. 87 f.)
* Parc de l'Orangerie (S. 89 f.)

Umgebung

** Obernai (S. 95 f.)

* Chateau de Pourtalès (S. 92)
* Robertsauer Auwald (S. 92)
* Molsheim (S. 93 f.)
* Rosheim (S. 94)
* Boersch (S. 95)

Straßburg im Internet

www.strasbourg.com
www.ot-strasbourg.fr
www.musees-strasbourg.org
www.mairie-strasbourg.fr
www.strasnet.com
www.destination-strasbourg.info
www.voyager-en-france.com/strasbourg
www.tourisme-alsace.com
www.tourisme67.com

Die Autoren

Claudia Christoffel-Crispin und Gerhard Crispin

sind in Saarbrücken aufgewachsen. Das Leben an der deutsch-französischen Grenze ist für sie Alltag, und Straßburg war eines ihrer ersten Reiseziele in Frankreich.

Manfred Braunger

lebt in Freiburg und arbeitet seit Jahren als freier Buchautor und Fotojournalist. Als hervorragender Kenner des Elsass und Straßburgs verfasste er die drei Specials für diesen Band.